法力とは何か

「今空海」という衝撃

老松克博

法藏館

目次

法力とは何か——「今空海」という衝撃

凡例

（1）本書では高僧X阿闍梨《あじゃり》の法力《ほうりき》にまつわるエピソードを扱うが、阿闍梨と周辺の方々のプライバシーに対する配慮、執筆にあたっての著者のニュートラルな立場の確保を目的として、固有名詞はすべて匿名化《とくめい》し、事実関係にも若干の改変を行なっている。

（2）本文中に引用・参考文献を示している。たとえば（老松、2019）は、巻末の文献欄に記載した「老松克博、2019」の文献を指す。

はじめに

甦る記憶

私は世の中のことに疎《うと》いので、X阿闍梨（正式には伝燈大阿闍梨）の存在を知ったのはさほど昔ではない。はじめてその名を聞いたのは、当時、私のところに定期的に夢分析に来ていたアナリザンド（心理分析を受けている人）からだった。彼女はいわゆるスピリチュアル系の人で、かのフィールドについて幅広い知識と関心を有していた。私は、分析の際にアナリザンドからいろいろと学ぶのをモットーとしており、彼女からもたくさんのことを教えてもらった。

彼女が少し前に法話を聞いてきたという真言宗のX阿闍梨のことは、とりわけ興味深かった。彼女の拠《よ》って立つ見地から見れば、その阿闍梨は一〇次元の存在だという。おお、それほどの人がいるのか……。けれど、彼女の話がそれだけだったなら、ぜひ会ってみたいとまでは思わなかった。私のなかで阿闍梨の人物像にがぜんリアリティが出てきたのは、第一章で詳しく紹介する法力のエピソードを聞いた瞬間だった。

それは今から四〇年以上前のできごとなのだが、日本中を震撼《しんかん》させ、世界の耳目を引きつけた、まことに衝撃的な事件だった。私はニュースを観たときのことを鮮明に憶えている。文字どおり、テレビに釘付けになった。そこに政治的、軍事的な思惑《おもわく》が複雑に絡んでいることは容易に想像できたが、当時、その詳細を知る術《すべ》はなかった。ましてや、法力が絡んでいようとは想像だにしなかった。

こうして阿闍梨の存在を知った頃、私はたまたま法力とか験力《げんりき》などと呼ばれるものに関心を抱いていた。というのも、トラウマ（広い意味での）を負った人たちがたどる心のプロセスを臨床的に理解するには法力に関する知見が役に立つのではないか、と考えはじめていたからである。このときのアナリザンドの言葉は、私にとって絶好のタイミングで発せられたものであり、一つの天啓だった。

トラウマと法力に何の関係があるのか。本書の焦点はあくまでも後者に置きたいので、前者についての詳しい説明は差し控えるが、トラウマを負った人たちは、時間や空間の歪みともいうべき症状に苛《さいな》まれていることが多い。ところが、そこから回復していくときには、しばしば時間や空間に対する一種の超越を経験する（老松、2019）。そこには、宗教家が厳しい行《ぎょう》を重ねるうちに法力を身につけるプロセスと似たところがありそうに思われる。

さすがにこれだけではわかりにくいだろうから、少しだけ説明を加えよう。トラウマを負った人たちが経験する時空の歪《ゆが》みとして、たとえば、フラッシュバックと呼ばれる厄介《やっかい》な症状がある。トラウマを負ったときの深刻な体験が、突然、生々しく甦ってくることを指す。そのトラウマ的なできごとは、ずいぶん昔にまったく別の場所で起きたことであるにもかかわらず、「今ここ」で起きているかのように再体験される。

一方、回復にあたって経験する時空の超越についてはどうか。たとえば、トラウマを負った人が治療を経て、あるいは自然に回復して、いわゆる霊能者となるようなケースが稀《まれ》ならずある。霊能者とは、未来や過去と往来したり、遠く隔てられた場所のできごとを見聞きしたりできるとされている人のことである。この種の時空の超越にまつわる経験は、それ以前にあった時空の歪みを土台として可能になったものと考えられる。

そういう現象から私の法力への関心は芽生えた。法力とは、どのような力を指すのか。いかなる条件のもと、どういったプロセスを経て発生してくるのか。いかにして作用し、あとに何を残すのか。コントロール不能になって暴走したり、行者自身の心身を蝕んだりすることはないのか。万が一危うい事態になったときには対処法があるのか……。臨床家としては興味が尽きない。

私はX阿闍梨の法力のことを詳しく知りたくなった。ならば、まず、そうした領域の先行研究にあたる必要がある。その知見をふまえて、自分なりの仮説を立ててから検討を試みると効率的である。それに、先行研究で用いられている手法を参考にすれば、難しい課題に無手勝流で飛びつくようなまねをせずにすむ。思いがけない陥穽《かんせい》にはまる危険が回避しやすい。

法力というテーマの難しさと可能性

そこで、善は急げとばかりに、学術論文のデータベースを検索してみた。ところが、「法力」「験力」といったキーワードでヒットする文献はほんのわずかしかない。かろうじて引っかかった文献も、ほぼ文学関係のものに限られていた。宗教学や民俗学の領域にはほとんど見出せないし、心理学にいたっては、臨床系においても実験系においても研究は皆無である。

書籍に関しても、管見《かんけん》のおよぶ限り、参考にできそうなものはないに等しい。検索の範囲を「霊力」や「超能力」といったところにまで広げれば、おびただしい数の出版物が見つかるが、今度は、「トンデモ」なプロパガンダと興味本位のゴシップにまみれた混沌に首を突っ込む羽目になる。多少とも利用可能なのは、「霊能」、「超感覚的知覚」、「行」などに関係する、ごく一部の文献のみである。

こうして先行研究を調べてみた結果、「トンデモ」からは厳密に一線を画した中立的で真摯《しんし》な法力へのアプローチがどれほど必要か、あらためて逆照射された。法力というテーマは信頼できる調査や研究の空白地帯であり、人跡未踏のフロンティアである。そうとわかって、私はいっそうの魅力を感じはじめた。そして、誠実に取り組もうと意を新たにした。

もっとも、人跡未踏であることには相応の理由があるわけで、その点は無視できない。たとえば、調査の協力者や関係者に対してどのようなスタンスをとるべきか。そこでの心理的な距離の問題はかなり悩ましい。近すぎてもだめだし、遠すぎてもうまくいかないだろう。調査する者としての熱い関心と厳格な節度とが同時に求められる。これは一筋縄ではいかない。

極端な話、阿闍梨の弟子にしてもらったら、行は苦しいだろうが、第三者的に見たり聞いたりしているだけでは知ることのできないところまで教われるかもしれない。けれども、反対に、言ってはいけない秘伝、漏らしてはいけない奥義の類いが増えてきて、不自由きわまりないだろう。しかも、長い伝統を誇るコミュニティの構成員になった場合、疑問に思うことが出てきても蓋《ふた》をせざるをえなくなる可能性が高い。客観性は失われる。

一方、距離が遠ければ、客観性は担保できても、法力の本質という肝心なところに手が届かないことは必至である。科学的ではあるかもしれないが、無味乾燥な描写にとどまってしまい、法力の解明はもとより、心の臨床への応用にも寄与しないだろう。俯瞰《ふかん》しただけでは姿を捉えられない重要なものを片っ端《かたっぱし》から削《そ》ぎ落とすことになるからである。それでは元も子もない。

ならば、どうするか。このようなときに有効と考えられる、内在的理解というスタンスがある。当事者と価値観や文化を共有する親密な関係者としての立場から事態や心情を把握しようとする方法である（島薗、1992、秋庭・川端、2004）。つまり、内輪の立場にいると想定して、関係者の語りを聞き、場を共有する。すると、漠然とした共感を持つ第三者として接するのに比べて、はるかに深い理解が可能になる。

本書では、この方法に準じたアプローチをとる。そのうえで、必要に応じて批判的な検討を試みる。私は前にも同様のスタンスで調査を行なったことがある（老松、2017）。大成功だったと言えるかどうかはともかくとして、その報告の冒頭にも述べたように、内在的理解によるアプローチがそれなしには到達しえない地平を開いてくれることはまちがいない。

ただし、語りの内在的理解によって把握できた事態や心情をどう解析するか、よく考えておかなければならない。語りの解析には、発話を細かく区切って比較しながら頻出する要素を見つけたり、そうした切片《せっぺん》に統計学的手法を適用して隠れた傾向を明らかにしたりする、いわゆる実証的方法がよく使われる。しかし、私としては、深層心理学の立場から、臨床事例をその個別性に沿っててていねいに解明する際の方法を援用したい。

とりわけ、スイスの深層心理学者、カール・グスタフ・ユング（Carl Gustav Jung 一八七五〜一九六一）が切り拓いた分析心理学（ユング心理学）の独創的な観点には期待が持てる。というのも、ユング心理学の特徴の一つに、人間の変容や成長の原動力として心の深みにある宗教性を重視する姿勢があり、法力の本質を探究しようとする本書の目的とはすこぶる相性がよさそうだからである。

ユング心理学は心と身体の臨床における実績で図抜《ずぬ》けている。法力の探求にその知恵を用いれば、私たちに内在している未発見の心身観、自然観、時空観を明るみに出してくれるにちがいない。そして、それらは、トラウマに苦しんでいる人に希望の光をもたらすだけでなく、生き方や考え方を根本のところから見直したいと思っている人にも貴重な示唆を与えるだろう。

調査と解析の手続き

私は、その法力の類い稀なる冴えゆえに「今空海」「今弘法」と呼ばれている高僧（X阿闍梨）と関係者に対して、二〇一七年から数年間にわたるインタビューと現地調査を行なった。本書はそのデータにもとづいて書き進められる。インタビューは、そのつど語り手の承諾を得て録音がなされ、また必要に応じて撮影が行なわれた。全部で三〇回近く、およそ六〇時間におよぶ。あわせて、現地調査も数回実施された。

インタビューの総計がそれほどの長時間に達していることもあって、紙幅の限られた本書に実際の語りをそのまま提示するのは難しい。それゆえ、いくつかの法力エピソードに絞り込み、録音データから作成された逐語録をもとに語りの内容を再構成して示すこととする。つまり、本書に記す語り手の言葉には、多かれ少なかれ、簡略化などの加工が施されている。

また、語り手についても、周辺のあれこれについても、可能なかぎり匿名化してある。ここでは、内在的理解という方法の要請にもとづいて語り手の心的現実（主観）を尊重しながら、深層心理学による事例検討的な解析を行なうわけだが、当事者のプライバシーに関わる情報をたくさん扱うことになるため、実名入りだとほんとうのことを述べにくいのである。できるだけ個人や団体が特定されないよう配慮をしたい。

著名なX阿闍梨のことだから、匿名化してあっても、その方面に明るい読者にはピンと来るかもしれない。阿闍梨は「正体が明らかになることがあっても、まあ、やむをえないでしょう。そのつもりで語りますから」と言ってくれているので、仮にそうなった場合でも大きな問題はないのだが、オフレコ発言（？）も皆無ではないし、周辺に不測の事態が発生する可能性は否定できない。それゆえ、やはり最大限の配慮は必要と思う。

上述の理由から、本書では、臨床的な事例検討で一般的に用いられている記述の方法を踏襲する。すなわち、匿名化のみならず、事実の詳細な記述をときには控え、場合によっては事実関係に若干の（ことの本質を損なわない範囲内での）改変を施す。語り手の言葉を逐語的に記さないのも、部分的には同じ事情からである。たとえば口癖や方言などは、個人の特定につながる手がかりになってしまうだろう。

奥歯に物がはさまったような記述の仕方や論の進め方をせざるをえないところも出てくると思うが、読者諸賢にはご海容願いたい。また、語り手の方々には失礼千万だが、敬称や敬語はすべて割愛する。おそらく、ほとんどの読者にとって、見知らぬ他者への敬語があふれる文章を読み続けることには違和感もあり、煩わしさもあるだろうからである。

なお、語り手一人ひとりに、本書中の関係箇所を原稿段階であらかじめチェックしてもらうようにしている。私のほうになんらかの事実の誤認があったところは、指摘に従って修正し、もしも語り手が少しでも不快に感じたところがあったなら、表現を変更したり削除したりする。一部、書きたかったことが書けなくなるかもしれないが、それはやむをえない。以上のような手続きを経て出版の段取りに入る。

繰り返しになるが、語りの理解にはユング心理学の枠組みを用いる。法力を探究しようとするなら、言葉の字面《じづら》をなぞるのでは足りず、語りえぬものの象徴的な現れを捉えなければならない。ユング心理学は、個人に由来するあらゆる表現のなかに象徴を探し、深層における不可視の文脈を見出すことに長《た》けている。今回の探究にユング心理学が欠かせない理由がここにある。

いきなり「象徴」といってもわかりにくいと思うので、今は次のことを知っておいてもらえばよい。個人の心は個人的な内容だけでできてはいない。深層に降りていけばいくほど、心は非個人的、超個人的な色彩を帯びてくる。誰もが共通に持って生まれてくる、さまざまな心的要素や活動パターンがつまっているのである。それらは言語以前のものであり、象徴によるのでなければ表現することも経験することもできない。宗教性にまつわるあれこれはそのような水準に属している。

象徴として見出される深層の文脈は、その語りに秘められている普遍的な意味合いを指し示す。本書で扱う法力は、X阿闍梨という一個人をめぐっての現象であるにはちがいないが、ユング心理学による理解は、その超個人的で普遍的な本質を照らし出す。本書は得られた成果をトラウマからの回復や生き方の刷新に役立てることも見据えているので、知見が誰にでも当てはまるものでなければお話にならない。その点でユング心理学は頼りになる。

阿闍梨に会いにいく

方針は以上のように決まったが、調査を開始するためには、X阿闍梨に趣旨を説明したうえで、インタビューに対する承諾を得なければならない。本書の試みにおいて非常に重要なステップの一つである。どのようにして阿闍梨とコンタクトを取ったか、以下に記す。一つひとつの語りの真実味を背景で支えている関係性のようなものを読者に知っておいてほしいからである。

阿闍梨に接近するための最も直接的な方法としてまず思いつくのは、やはり寺に連絡をしてみることだろう。連絡先は、調べれば容易にわかる。しかし、著名で多忙な阿闍梨のこと。しかも高齢である。門前払いになっても不思議はない。協力を依頼するなら、できるかぎり確実性の高い方法をとる必要がある。そこで、八方手を尽くして、伝《つて》を探すことにした。

コンタクトできそうなルートはなかなか見つからなかったが、高野山大学の関係者から、ある耳寄りな情報をもらうことができた。その情報をもとに、阿闍梨の正式な弟子であるというさる大学の教授にたどり着いた。驚いたことに、理系のバリバリの先生である。心理学にも造詣《ぞうけい》が深い。事情を話したところ、さいわいにも、先生が次に阿闍梨の寺に行く機会に同行させてもらえることになった。

こうして、多少とも縁が見つかったことに安堵したのだったが、なにしろ忙しい先生なので、なかなか都合が合わない。頭を抱えていたところ、吉報があった。先生が言うには、「その日（こちらのスケジュールが空いているいくつかの候補日）、私は予定があって寺に行けませんが、知り合いがアポをとってるんです。彼女に頼んでおきますから、いっしょに連れていってもらったらいいですよ」とのことだった。

せっかくの約束の時間に邪魔をしては申し訳ないので、一度は遠慮した。ところが、「いやいや、大丈夫。全然そんなことを気にするような人じゃないですから」という先生の言葉を真に受けて、私は見ず知らずの人に阿闍梨のもとへ連れていってもらうことになった。その人におそるおそる連絡をすると、「話は聞いてます」と言って、迷惑きわまりない依頼であるにもかかわらず同道を快諾してくれた。

当日、阿闍梨の寺の境内で待ち合わせ。彼女は、初対面とは思えないような軽やかさで、歩き、振り返り、微笑《ほほえ》み、語る。聞けば、スピリチュアル系のカウンセリングを本職とする彼女が、あるとき、ある町の辻で占いをしていたら、ふと足を止めたのが先生だったとのこと。ふたりは意気投合。その後、彼女は先生から阿闍梨を紹介され、以来、折りを見てはこうして寺まで話を聞きに来ているのだという。

お布施はいかほど包むのか、など少し訊《き》きにくいことまで尋ね、会い方を伝授してもらっていると、約束の時刻になった。客殿の玄関に入ると、彼女とともに和室に通される。まもなく、小柄な阿闍梨が現れた。柔和な面《おも》持ちと口調のなかにも、長く行に打ち込んできたことから来る、凜《りん》とした厳しさが感じられる。はじめに彼女が私のことを簡単に紹介してくれた。おおいに緊張しながら、阿闍梨に初対面の挨拶をした。

彼女が先に私から話すよう促してくれたので、その言葉に甘えて、阿闍梨にいきなり行や法力に関する質問をした。詳細は割愛するが、阿闍梨はていねいに答えてくれた。私としては、とりあえず、お目通りが叶《かな》ったことに安堵。あとは彼女と阿闍梨のやりとりに耳をそばだてていた。ふたりはツーカーで、私には事情や背景が不明な話も多かった。しかし、聞いているうちに、彼女が相当な遠方から来ていることがわかり、こちらは驚くやら恐縮するやらだった。

予定時間をかなり超過して、阿闍梨のもとを辞す。阿闍梨は客殿の玄関まで出て、彼女と私を丁重に見送ってくれた。外に出ると、彼女が大師堂と本堂に寄っていこうと誘ってくれたので、

図１　大師堂と本堂

遠慮なくついていく。慣れた手つきで柵をちょいちょいと開けたり、閉まっているお堂の正面を素通りして迷うことなく側面の扉から入ったり。まさに、勝手知ったるわがお寺という様子である。堂内の灯りをつけると、闇のなかから仏像や祭壇が浮かび上がってくる。

それぞれの仏像の由来を彼女が説明してくれる。いずれも、気品のなかに重みのある像容である。けれども、弘法大師像は異質だった。何の気なしに正面に立った瞬間、厨子《ずし》の奥の漆黒に見える像から予期せぬ強烈な圧が来て、身が竦《すく》んだ。なんでも、かつては高野山で祀られていたのが美濃の殿さまの手にわたり、その後、和歌山で空襲に遭って半分焼けたが、縁あって大師像のなかったこの寺にやってきたとのことである。

遠方まで帰る彼女を駅まで送る。彼女はやはり軽やかに階段を上がっていった。こうした後押しに支えられて、私が阿闍梨に調査への協力をお願いしたのは、次に自分でアポをとって会いにいったときである。寺には、すでに何十年も前から、あちこちの理系の研究者が出入りしてきたという。阿闍梨を対象として研究をするためだったり、学術的な疑問に対して透視による答えをもらうためだったり、と目的はさまざま。阿闍梨は私の調査への協力も快諾してくれた。

第一章　鉤召

ことの発端

　本書では、X阿闍梨の法力にまつわるエピソードを四つ紹介する。予定としては、まず、この第一章で、私が今回の調査を思い立つ契機となったあの事件について、おもに阿闍梨自身の語りをもとに記す。次いで、阿闍梨の半生と教え、ユング心理学の概要を述べてから、第六章〜第八章であとの三つのエピソードを紹介する。第六章、第七章は、関係者による証言と現地調査が中心。第八章は、私自身が体験した、あるいは間近で見聞きしたできごとである。なお、以下の記述では、敬意と親しみを込めて、阿闍梨を「和尚」と呼ぶ。

　さて、本章に記すエピソードは、かれこれ四〇年以上前のことになる。当時四〇代後半だった和尚の法力がベールを脱ぐ契機となったできごとである。そのできごとは大々的に報道され、世間を騒がせたので、私の記憶にも強く焼きついている。今でもありありと思い出す。もっとも、公然と報道されていたのは外側のことだけで、和尚の関与についてはごく一部の人たちしか知らなかった。

このエピソードから遡ること数年、一つのプレリュードとも見なしうる小エピソードがあった。流れがわかりやすいよう、時系列に沿って、そちらから筆を起こすことにしよう。ただし、「小」エピソードといっても、それに続いて述べるよく知られたエピソードに比べての話である。この小さいほうだけを見ても、和尚の法力が並々ならぬものであることがわかる。

当時、その港町は長引く不漁に苦しんでいた。ほとほと困りはてた漁連の会長は、和尚の噂を聞きつけ、豊漁の祈願を依頼した。なにしろ、漁師は、「板子一枚下は地獄」というくらい命懸けの仕事である。信心深い者も少なくないから、会長の思いつきはさほど不自然なものではなかっただろう。和尚は、このままでは活計《たつき》が立たないと嘆く漁師たちの苦境を知り、地蔵流しを行なうことを決めた。

そこは和尚の寺からはずいぶん遠い。なのに、なぜ漁連の会長が和尚のことを知っていたのか。それは、和尚がある篤信の人から土地の寄進を受け、その町に別院を作ろうとしていたからである。和尚は、そのため、年に数回は町を訪れていた。新しい寺にときどきやってくる住職はとても偉いお坊さんらしい、と徐々に周辺の住民の知るところとなったわけである。

別院を建てたのには、秘密の目的もあった。和尚は少し前から某国の挙動に不審の念を抱いており、国家間のトラブルが起きるのを未然に防ぐための拠点が急ぎ必要と考えていたのだ。平安の昔から鎮護国家を旨としてきた真言宗の法統を継ぐ阿闍梨らしい危機意識である。その町は某国に比較的近いため、急ごしらえであっても別院を設けるには打ってつけだった。

ところで、地蔵流しというのは、地蔵の絵姿と真言を記した紙の札《ふだ》を水に流す儀式である。和尚は地元の寺に近隣の信徒を集め、あるいはまた全国にいる多数の信徒にも呼びかけて、たくさんの地蔵札を作ることにした。それを一〇〇枚単位で束にして持っていき、次々に船から海に流して拝もうというのである。和紙に地蔵のスタンプを押しては真言を書く。そして、作法に則って一枚一枚に魂を入れ、願いを込める。

これは余談だが、そうした準備の最中に、旧知の呉服店の女将が和尚を訪ねてきた。そして、一歩入るや、あたりを見回して、「どういうわけだか、お地蔵さんが一〇〇〇人くらい、そこかしこにおいでになる。何かあるんですか」と訊いたという。女将はあたりにただならぬ気配が満ちているのを感じ、また無数の地蔵が行き交っているのも目にしたらしい。

地蔵流しの当日は好天に恵まれて、五〇〇名を超える人々が港に集まり、地元の漁師たちもたくさんの船を出した。おかげで、和尚が考えていた以上の盛大な催しになったそうである。海上を進む船の上から漁師や信徒が地蔵札を次から次に海に投げ入れていくのだが、不思議なことに、投げる札、投げる札がどれもいったん舞い上がってから海面でまっすぐに立って、足のほうから波の下に沈んでいったという。

地蔵流しのあと、はたして漁は回復に転じた。いや、回復に転じたどころではない。それまで何年にもわたって続いていた深刻な不漁が嘘だったかのように、連日、豊漁に次ぐ豊漁である。港は久しぶりに活気づき、人々に笑顔が戻った。結果的に、その年は、例年の三・五倍もの記録的な漁獲高に達し、農林水産大臣から表彰までされた。

このできごとはあちこちで話題となり、新聞やテレビで大きく取り上げられた。そして、ある日、そうした報道の一つがたまたま某省庁の官僚の目にとまった。よほど和尚の法力に感じ入ったのだろう、それが、数年のインターバルを置いてさらなる「エピソード」につながることになる。その官僚が、ある火急の事態に臨んでかつての記事を思い出し、漁連の会長を介して和尚ににわかには信じ難いような依頼をしてきたのである。

耳を疑う依頼

会長は依頼の内容を和尚に伝えた。某国の戦闘機をどうにかして手に入れたいので力を貸してほしい、というのである。「某国」とは、和尚が別院を建てて対処しようと思うほど挙動を不審に思っていた、あの国にほかならない。はじめ、会長は、依頼主のことは口にしなかった。その官僚は某国への対策に妙案がなくて困っていたが、ふと何年か前のニュースを思い出し、あの地蔵流しを成功させた和尚なら不可能を可能にしてくれるにちがいないと考えたのだった。

突拍子もない話である。「鉤召《こうちょう》」（意中の神仏などを呼び寄せる密教行法）の依頼とでも言えばよいのだろうか。頼まれた和尚もびっくりした。「魚や鳥を捕《つか》まえられるなら、飛行機も捕まえることができるかもしれない、と考えたんでしょうね」。そう言って、和尚は笑う（和尚がかつて鳥を落としたことは、当時すでに広く知られていた）。和尚の言葉はもちろん冗談で、この依頼はまともな理屈では説明できそうにない。じつは、そこには、やむにやまれぬ事情があった。

少し遅れて、直接、官僚から依頼があった。そのとき和尚が聞いた事情というのはこうである。某国の戦闘機は世界最高の性能を誇っており、他の追随を許さない。このままでは諸国間の軍事力のバランスが失われて、たいへん危うい状況に陥るのが目に見えている。この難局を乗りきるには、なんとかその戦闘機を手に入れて、圧倒的な高性能の秘密を解明するしかない。「日本も気をつけたほうがよい」と言われているので内密に手伝ってもらえないか、というのである。

精密な科学にもとづく新型戦闘機の秘密を探るのに、よりにもよって正体不明の法力に頼ろうというのだから、国もよほど追いつめられていたのだろう。どうやら、背景には、某国と対立している別の大国（わが国の同盟国）から強い注意喚起と協力要請が来たという事情があったらしい。むろん、この大国もその戦闘機の秘密を探るために全力を尽くしたのだが、どうあがいても情報が手に入らなかったようである。

わが国の担当省庁はさぞかし困惑したことだろう。あの大国でさえ策が尽きて、なりふりかまわなくなっている。わが国になす術があろうはずがない……。官僚たちの苦しい胸の内は察するにあまりある。わが国は、立場上、大国からの協力要請となれば拒もうにも拒めない。その窮地にあって、和尚のことがひらめいたわけである。

話を聞いた和尚は、宗教家として戦争に与《くみ》する気持ちはもちろんなかったけれども、ここまで不安定ながらもかろうじて維持されてきた諸国間の軍事力の均衡がいま急激に崩れればまちがいなく破滅的なことになる、少なくともそれは食いとめなければならない、と考えたようである。なにしろ、和尚自身、先の大戦の際にはとてもつらい経験をしてきているのだ。

和尚は学徒動員で重労働に従事したうえに、空襲で大怪我を負ったり、親しい人やたいせつな人を失ったりしている。国と国民があのような苦しみを二度と味わわなくてすむよう守らなければならない。それは、宗祖、弘法大師空海の掲げた鎮護国家の姿勢に適うだけでなく、第三章で詳しく述べるとおり、かつて和尚に戦後の国と国民の安寧を託したさる皇族の願いにも添うことだった。

こういうときこそ、あの期待に応えなければならない。和尚は官僚からの依頼を引き受けた。しかし、なにぶん、これほどの離れ業に挑戦するのは和尚にとってもはじめての経験である。どうしたらよいかはなんとなくわかるものの、どれほどの時間でいかほどの成果があがるものか、見当がつかない。苦慮したすえに、とりあえず、しばしの猶予を乞うてみることにした。

和尚はこう答えた。「そういうのは捕まえてみたことがない。どうなるかわからないけど、一生懸命拝んでみましょう。ついては、半年ほど時間をもらえませんか」。難しいに決まっているが、最低でも半年くらいは行に取り組みながら工夫を重ね全身全霊で拝んでみよう、と考えてのぎりぎりの返事だった。すると、豈図《あにはか》らんや、官僚はこの条件をあっさり了承してくれた。

ただし、次のように和尚に念を押したという。「わかりました。半年、待ちましょう。今日は○○年○○月○○日ですから、半年後というと、□□年□□月□□日になりますね。その日に、ぜひよろしくお願いします」。すかさず切り返しての日程の指定には、和尚も恐れ入ったという。しかし、そこは、さすが和尚である。「時刻はこちらに決めさせてほしい」と申し出た。△△時△△分に決まった。

えらいことになったなあ、と和尚が内心で思っていると、間髪を入れず、場所についての問いが投げかけられた。どこでその戦闘機が手に入るか、どこで受け取ればよいか、というわけである。訊かれても困るのだが、和尚がその場で思いついたのは、あの地蔵流しを行なった町のことだった。今回の依頼がその地の漁連の会長を介してのものでもあったので、場所に関してはそれで合意に達した。

ことの成り行き

それから、文字どおり、和尚の難行苦行がはじまった。与えられた時間は半年。その戦闘機を呼び寄せて捕まえるべく、宗祖の言葉を信じ、経典の智恵を信じ、みずからの使命を信じ、人間に与えられている力を信じて、身口意《しんくい》の三密を加持し（行ないと言葉と気持ちのすべてを真に一致させること。後述）、護摩を修した。

半年の猶予期間はまたたく間に過ぎていった。そして、いよいよ、当日を迎えた。あの地蔵流しの町は、どことなく落ち着かない雰囲気になっていた。この日の△△時△△分に何かたいへんなことが起きる、という噂が流れていたらしいのである。しかも、ただの噂ではなく、その出どころは信頼の置ける筋だとされていたのだろう。鋭敏に嗅ぎつけた何人かの情報通が町に集まってきていたという。

和尚は自坊でひたすら拝み続けていた。定められた時刻は迫ってくる。寺から遠く離れた港町では、これからはたして何ごとが起きるのかと固唾《かたず》を飲んで見守る者たちがいる。すると、そこに驚くべき報《しら》せが飛び込んできた。某国空軍の兵士が例の戦闘機を操縦してその町に近い空域に現れた、しかも自衛隊の警戒網をくぐり抜けて接近しつつある、というのである。目的は明らかでない。現地は騒然となった。

その頃、和尚は、意中のものに網をかけて手繰《たぐ》り寄せる呪法《じゅほう》（鉤召）から、金縛《かなしば》りの呪法に移っていた。そのタイミングは、「自分で相手を引っ張り寄せてるんだから、当然わかります」とのことである。「すべてのものとつながることのできる意識の水準というのがあるし、波動は伝わるものだから」とも。

こうして兵士は身体の自由を奪われ、みずからの意志とは別に、抗《あらが》い難い力によってその町の空港に着陸することとなった。一部の者たちは、あらかじめその現場にいて準備を整えていて、刻一刻と高まる異例の緊張感のなか、虎視眈々《たんたん》とスクープを狙っていたという。それゆえ、某国からの戦闘機が防空圏を突破して飛来するという歴史的な大事件をフィルムにおさめることに成功した者もいたらしい。

しばらくして、操縦してきた兵士がわが国を経由しての亡命を望んでいることが明らかになった。彼は、某国を脱出するにあたり、戦闘機をいわば手土産がわりに持参したというわけである。対立関係にあるあの大国が喉《のど》から手の出るほどほしがっていた某国の最新鋭戦闘機、厚い秘密のカーテンの向こうに隠されていたあの戦闘機の情報がわが国の手に入った瞬間だった。

まもなく、和尚の寺に一本の電話がかかってきた。くだんの官僚から、戦闘機が到着した、成功裡にことが運んだ、という一報である。電話に出た和尚の妻は、事情を何も聞いていなかったので、受話器の向こうの人物が何の話をしているのかわからなかった。けれども、「伝えてもらえばわかりますから」と言われて、妻は首を捻《ひね》りつつその内容を伝えた。このときはじめて、和尚は、みずからの加持祈禱の験《げん》が現れたことを知った。

ところで、近年出版された本のなかに、このエピソードをめぐって和尚のことに短く言及しているものがいくつかある。和尚はそのうちの一冊を見せてくれた。「活字になったものとしては、このあたりが最初だったと思います。おそらく、私の懇意にしていたある先生がどこかで漏らしたのを著者が聞いて、それを書いたんでしょう」との由。インターネットの世界では和尚に関してすでにさまざまなことが言われているので、情報源は定かでないが、たしかに印刷物としてはそれらの本を嚆矢《こうし》とするようである。

「まちがったことが書いてあるので、そこを正しておいてほしい」と和尚。なので、以下に要点を記しておく。まず、その本には、戦闘機の入手を最初に依頼したのは某省庁だったとあるが、はじめは漁連の会長だった。次に、操縦桿《かん》に不調を発生させた旨が記してあるが、和尚曰《いわ》く、「それだと危ないでしょ。飛行機ではなく、操縦士に金縛りをかけたの。安全に降りられるよう、着陸直前には術を解きましたしね」。くわえて、さる高貴な方とあらかじめ計画を練っていたというようなことが書かれているが、それも事実ではないそうである。

和尚のところには、国の存亡に関わるレベルの相談や依頼がたびたび持ち込まれる。和尚はそれらについては非常に口が堅く、何であれ、具体的に語るということがない。そういったエピソードを通してみずからの法力を誇ったり宣伝したりすることもない。私が聞き取りをさせてもらったときも例外ではなかった。その点では、まことにインタビュアー泣かせである。

先に述べたとおり、某国の戦闘機の件についても、和尚がその本の著者に何かを語ったわけではない。和尚自身、まわりから聞いて、はじめてその本の存在を知ったという。当該の本によって、わずかとはいえ、当時の経緯が活字として世に出てしまった。誤った記述を放置しておいて各方面に迷惑をかけてはいけないからということもあって、今回は話が聞けたわけである。

物騒な後日談

兵士は、希望どおり、某国と対立する大国へと身柄を引きわたされた。戦闘機のほうは、大国の協力のもと、わが国で解体調査された。その結果、最新の素材と科学技術の粋《すい》を集めて作られているという予測に反して、おおかた旧式のシステムからできていることがわかった。大国はそのことに驚いたという。それでも、その戦闘機の弱点などが明らかになったことの意義は大きかった。

かくして某国の戦闘機は手に入ったが、このことは他方で難しい国際問題も引き起こした。当然ながら、某国が兵士と機体の送還を要求したからである。某国による示威行為も頻発し、自衛隊が不測の事態への備えをなす一方、さまざまな外交努力による解決が模索された。最終的には、人道上の観点から兵士の亡命が実現し、解体と分析のすんだ機体は返還されることになったが、その点については、本書の目的からはずれるので措いておく。

ただし、後日談としてもう少し述べておくべきことがある。和尚は、しばらく、某国の工作員とおぼしき者に命を狙われていたという。某国がどうして和尚の存在と所為を知り、所在を突きとめたかについては謎である。和尚自身は、「漁連の会長が悪気なしにしゃべったとしか考えられません」と言う。そうかもしれない。ただ、信徒のあいだでは、別の説も囁《ささや》かれている。和尚もそれは否定しない。

この説は、兵士が町の空港に着陸した時刻に関係がある。それは、約束の時刻、すなわち△△時△△分ちょうどではなかった。七分ほど早かったらしい（和尚によると、ある書籍にはもう少し早かったように書いてあるが「そこもまちがって」いる）。現場でことが起きるのを今か今かと待ちかまえていた者のひとりが、その瞬間、目の前の状況を撮影しながら、そのことを何の気なしにつぶやいた。それがのちに深刻な事態を引き起こしたというのである。

この事件はトップニュースとしてテレビでさまざまに放送されたが、そのような映像の一つに、まだ予定時刻の七分前だという当の撮影者の独り言がそのまま音声として入ってしまった。彼にしてみれば、思ってもみないことだったろう。私は、今のところ、その映像を探し当てることができずにいるが、もしもこれが事実なら、そのニュースの視聴者たちは、彼の小さなつぶやきを耳にしたはずである。

ここからは少し想像と推測が加わるのをご容赦願いたい。事件を扱った資料をいくつか調べてみたが、そのようなノイズへの言及はまだ見つからないので、そこに注意を向けた一般の人間はほとんどいなかったと思われる。しかし、事態の推移に神経を尖らせていた某国の関係者が小さなノイズまで聞き逃さなかったとしたら、その言葉に疑問を抱いてもおかしくない。すると、某国は和尚の存在に行きあたることになる。

その可能性を否定できない心当たりが、当時、和尚にもあったようである。たとえば、和尚が駅にいて、列車がホームに滑り込んできたその瞬間、背後から何者かに押されたことがあった。そのときには間一髪で助かった。和尚によると、似たようなことがしばしばあったそうなので、直接の証拠はないけれども、ただの偶然とも言いきれない。

後日、地蔵流しを行なった町で、あるイベントの懇親会が催されたことがある。宴の参加者のなかには、その町に住んでいるという某国人の男がいた（当時、町には某国人が二〇人以上いた）。ある日本人の参加者は、その男の挙動を見て、何か引っかかるものを感じた。これは怪しい、某国から来て、和尚の命を狙っているのではないか、と直観したというのである。

この鋭いひらめきの持ち主は、和尚の親友のひとりだった。ある大学の理系の教授である（「はじめに」に登場した、和尚の弟子である若い教授とはむろん別人）。当時、寺にしょっちゅう出入りしていて、泊まっていくこともよくあったそう）。教授は一計を案じ、くだんの某国人と意気投合したかのように装いながら酒を酌《く》み交わした。某国人は大酒家だったが、教授も名うての酒豪である。ふたりは、いつはてるともなく呑み続けた。

そうこうするうちに、さしもの某国人もとうとう酔いつぶれてしまった。教授は正体をなくした某国人を家まで送っていって、まんまとそこに上がり込み、トイレを探し回るふりをしながら家捜しをした。すると、悪い予感は的中。小型の通信装置などが見つかった。教授は、この男が某国の工作員にまちがいないと確信し、見つけた機器を破壊した。

「その男がスパイだったとしても、私を狙っていたかどうかまではわかりません」と和尚は言う。しかし、教授の確信が正しかったとすれば、そのおかげで和尚はことなきを得たことになる。某国人はほどなく亡くなったらしい。和尚らはその死を不審に思って各方面に尋ねたが、わが国の当局はいずれも関与を否定した。彼は、任務に失敗したために、某国によって始末されてしまったのだろうか。スパイ映画を地で行く展開である。

和尚はその後、某国の潜水艦も手に入れてほしいと頼まれ、ある海域で実際に捕らえたことがあるという。今度は本体のほうを故障させて、にっちもさっちもいかない状態にした。わが国の関係者が現場に急行し、浮上してきた艦をただちに確保しようとしたが、乗組員による威嚇《いかく》と抵抗に遭った。やむなく、さまざまな角度から写真を撮っていたところ、某国からの救援隊が来て、故障した船体を曳航《えいこう》して持ち去ってしまった。しかし、「写真でだいたいわかりましたから」と、和尚は関係者から礼を言われたそうである。

法力に関してここで言えること

本書では、和尚の法力にまつわる四つのエピソードを、本章を含む四つの章で紹介するわけだが、それぞれの章の終わりにはユング心理学の立場から若干のコメントを付す。そして、最終章で、それらのコメントをまとめながら、法力の本質についての私見を述べる。ただし、法力のメカニズムを説き明かすことは意図しておらず、こうすればこうなるといった類いの内容は論じない。それは弟子入りをして学ぶべきことである。

メカニズムの解明を目指さないという姿勢は、じつは、私たちが扱おうとしている現象の本質と無関係ではない。このような姿勢をもってでなければ接近できない側面というものがあるのだ。元来、メカニズムとは、機械的な仕組みを意味する。しかるに、こと法力に関して、その種の科学（自然科学）的な説明は通用しないだろう。私たちはまったく新しい切り口を必要としている。

そのことは、本章で紹介したエピソードを見ただけでも容易にわかる。戦闘機の鉤召を通常の科学的な理屈で説明すること、言い換えれば因果律で解き明かすことなど、できるはずがない。因果性を超えているからこそ、それは法力と呼ばれているのだ（本書では、原則として、「因果」という語を仏教的な意味——前世での行ないが現世で報いとなって現れる——では使わないことを断っておく）。

ならば、どうするか。因果性による説明が通用しない状況下でおのずから前景に現れ出てくるのが、ユングの言う共時性の概念である（Jung, 1951b, Jung, Pauli, 1952, Franz, 1980, Peat, 1987, Combs, Holland, 1996, Main, 2007、老松、2016b）。本書では、共時性の考え方にもとづいて法力の本質に迫ってみたい。ユング心理学については第五章で詳説する予定なので、ここでは、ひとまず、その方面になじみがなくともわかってもらえそうな範囲内で共時性の概念を解説しておく。

共時性ないし共時律（シンクロニシティ、synchronicity）とは、複数の事象のあいだの連関に関する原理の一つである。それとは別のもう一つの原理が因果性ないし因果律で、因果性と共時性は対立し合う。因果性は、複数の事象のあいだに科学的な水準における連関が存在することを保証する。先行するある事象（原因）の影響によって後続のある事象（結果）が発生する、というわけである。結果は原因なしには生じない。原因をたくみにコントロールすれば、望みの結果を得ることができる。因果性は科学の発展を支えてきた基本的な考え方である。

これに対して、共時性は、原因や結果にまったく関心を向けない。ほぼ同時に生起した複数の事象のあいだに（非因果的な）連関があると見るための根拠となる。仏教で言えば縁起《えんぎ》の概念に近いゆえ、synchronicityを縁起律と意訳することもある（山中、1996）。もちろん、同時に起こったことなら何でもかんでも連関ありとするわけではない。そこで事象と事象とをつないでいるものは意味である。つまり、意味深い符合をもって諸事象間における確かな連関を認める原理を共時性と呼ぶ。意味深い符合を「ただの偶然」と考えてしまうのは、私たちがふだん因果性ばかりを偏重しているせいである。

ユングは次のような共時的現象の例をあげている（Jung, Pauli, 1952）。ユングのもとに心理分析に来ていた若い女性アナリザンドは、合理性一辺倒の頭の固さに問題があったが、なかなか変化は生じなかった。ある日、彼女はスカラベ（古代エジプトで神聖視された黄金虫の一種。彼女はそれを知らなかった）を与えられる夢を見て、それをユングに報告していた。とそのとき、面接室の窓を外からコツコツと叩く音がする。ユングが窓を開けてみると、スカラベに似た黄金虫が薄暗い室内に飛び込んできた。

この偶然がアナリザンドの心を揺さぶり、ユングにも崩せなかった彼女の頑《かたく》なな態度を一変させた。たかが偶然、されど偶然である。あとの章でもふれるとおり、ある種の状況において発生する偶然はただの偶然ではない。和尚の法力のエピソードを考えていくにあたっては、この共時性の概念が道を照らしてくれるだろう。和尚はみごとに共時性の原理を体現しているように見える。

本書で扱う法力のエピソードは稀有《けう》なものばかりだが、共時的現象の活用自体はさして珍しいことではない。私たちもみな意図的にそれを使っている。占いなどはその好例と言える。たとえば易には、三枚の硬貨を六回投げる方法や筮竹《ぜいちく》を何度も分けていく方法があるが、ほかならぬそのときに現れた卦《け》(たとえば、何回目に何枚の硬貨が表になったか)は、同じ瞬間における当人の内的状況および外的状況と意味を共有すると考えられている。

古代中国のいわゆる四書五経の一つ、易経は、すぐれた易の教科書で、ユングはドイツ語訳を出版しようとしていた知人から求められて序文を書いた(Jung, 1950b)。興味深いことに、その際、易を易自身に説明させている。つまり、真剣に注解を書こうとしているユングが易を立て、その場で現れた卦の内容を「易による自己紹介」としたのだった。因果論的には偶然に現れたとしか考えられない卦を、意味のうえでの符合という連関があるものとして取り扱ったわけである。その内容は、実際、西洋の読者へのみごとな紹介になっている。

ところで、共時性の概念で何かの本質を考えていこうとするなら、注意しておかなければならないことがある。ある現象が通常の因果律で説明できない場合、人はその宙ぶらりんの苦しさに耐えきれず、ついつい魔術的な力を想定して擬似的な因果論を振りかざしてしまう。科学的因果性とは似て非なる魔術的因果性である(Jung, Pauli, 1952, Jung, 1997)。たとえどこかで魔術的な力が働くのだとしても、それを因果的な説明の道具にしてしまうのは安易すぎる。幼稚な迷信や盲信へと人を後戻りさせることにもなる。

法力や験力という概念は、その呼称からしてそうなのだが、疑似因果論、魔術的因果論に沿った発想を多かれ少なかれともなっている。そのような考え方自体は人にとって自然な傾向だが、重要なのは、退行に陥りがちな慣れ親しんだ魔術的因果論にとどまらないこと。つまり、そこをスタート地点として、共時性という、通常は隠されている連関の原理に開かれていくことである。魔術的因果性にもとづく説明は、古くからそのような気づきへの前段階として用意されていた。

本書では、便宜上、法力という言葉を用いて論じているが、和尚自身はこの語をまず使わない。そう見えるものが「人間誰しもがはじめから与えられている力」であることを強調する。そして、困りごとを相談された際の答えは、「どうなるかわからないけど、一生懸命、拝んでみましょう」である。この言葉を素直に受け取るなら、法力の現象とは、因果的にそうならしめるようなものではない。共時的にそうなるものなのだ。おそらく、可能なのは、共時的現象が発生しやすい条件を整えることだけである。

第二章　X阿闍梨のこと――青年期まで

生い立ち

和尚の尋常ならざるエピソードから法力の本質を考えるには、前もって和尚という人を知っておかなければならない。第二章と第三章では、和尚がどのような生を生きてきたのかを見ていく。そして、続く第四章では、和尚の行と教えをまとめてみよう。残り三つのエピソードを紹介するのはそれからになる。しかし、心配は無用。その波瀾万丈の人生が読者を退屈させることはない。

和尚は昭和一桁の生まれである。ある地方の真言宗寺院で長男として誕生。この寺には、弘法大師の手になる霊験あらたかな秘仏が本尊として祀られている。和尚は、その祭壇の真裏にある部屋で産声をあげた。父親（大僧正）が住職。母親は主婦、というより、寺務のいっさいを切り盛りし檀家の人たちの世話やまとめ役まで担う、いわゆるお寺の奥さんである。

父親の生家は代々続く剣術道場で、和尚の祖父が師範だった。父親は四人同胞の長男だったが、やや虚弱だったため道場の跡は継がず、大学を出てから出家した。そして、のちに、地方の由緒ある寺の住職になった。父親の生まれた土地には、一家にひとりは出家するという古くからの風習の名残があったらしい。なぜ高野山で得度したのかについては、もともとの家の宗旨に従ったのだろうとのこと。結局、道場は次の代だけ親戚が継ぎ、その後、人手にわたった。

和尚ははじめはむしろひ弱だったというが、四歳から小学五年の頃まで祖父の道場で鍛えられた。遠い親戚にあたる師範代が「木刀を持って「ぼっちゃん、鬼ごっこしましょう」と言いながら追いかけてくるもんだから、それはそれは恐かったですよ」と和尚は言う。「しょっちゅうやられていたせいで、ひどい癇癪持ち《かんしゃくも》になりました」とも。一方、そのおかげで、相手のしようとすることを素早く察知する力が身につき、大学のときには同級生たちに先んじて柔道二段を印可された。銃剣道や水泳の段もある。

母親も武家の出身だが、幼い頃に自身の母親（和尚の祖母）を亡くしており、おもに和尚の曾祖母の手で育てられた。母親が父親のもとに嫁いだあと、その兄が亡くなったので、祖父は外孫である和尚を跡継ぎにすることを望み、かわいがっていた。小学校入学時には、都会にいた祖父がランドセルなど一式を揃え、鄙《ひな》には稀なピカピカの革靴まで買い与えたものだから、先生たちから目立ちすぎを心配された。しかし、母親の嫁ぎ先である寺にも和尚しか跡継ぎがなかったため、祖父はあきらめざるをえなかったようである。

この母方祖父は弁護士をしていたが、ある企業の抱えていたもめごとをまるくおさめたことから、その手腕を買われ、企業の強力な後押しで政治家に転身。政府の数々の要職を歴任した。和尚が子どもの頃、祖父宅に行くと、時の若槻礼次郎首相がたまたま来訪していた。その膝の上で遊ばせてもらっているうちに、和尚はつい粗相をしてしまった。首相はやむなく祖父の袴を借りて帰っていったので、洗濯された首相の袴は今も和尚の手許にあるという。

祖父が亡くなったときには勅使（天皇陛下からの使者）が来たというのだが、和尚がその理由を知ったのはかなりあとになってからで、三〇代の頃だった。ある知人の葬儀に行ったところ、当時の福田赳夫首相も参列しており、和尚を見つけてやってきた。そして、「おじいさんにはとてもお世話になったから」と礼を言い、当時のことを話してくれた。祖父はかつてある深刻な危難からわが国を救った人物だったのだ。

経緯はこうである。当時、西欧列強はアジアへの進出を続けていたが、正面からばかりでなく、裏面からも狡猾《こうかつ》な作戦を仕掛けていた。つまり、アジアの国々同士が戦争や紛争に突き進むよう背後からしきりに焚きつけて、武器や資金の調達に便宜を図る。そして、借金がかさんで財政が破綻しかけていると見るや、掌を返したように強く返済を迫り、応じられない国々を乗っ取って植民地にしてしまうのである。

じつは、わが国も、気づかぬうちに罠にはまりかけていたらしい。そのことを察知して東奔西走し、取り返しのつかない事態になるのを未然に防いだのが、和尚の祖父だった。福田首相は、

図2　恩賜の硯箱

若かりし頃、側近のひとりに抜擢《ばってき》されて祖父に付き従い、西洋の国々における内密の活動の一部始終を間近で見た。首相によると、ことが無事におさまったとき、当時の天皇陛下は涙ながらに感謝の言葉を口にされたという。

祖父は、無理が祟《たた》ったのか、わが国が負債を返し終わった半年後に他界した。生前の祖父は、そういった事情を家族や親族にいっさい語らなかった。それから三〇年余りたって、和尚は首相の話を聞くことができたのだ。そして、ようやく合点が行った。あのときの勅使は、果敢に国難に立ち向かい、わが国を未《み》曾《ぞ》有《う》の危機から救った和尚の祖父に対する天皇陛下の思いを示すものだったのである。

私は、蒔絵《まきえ》による菊の御紋の入った恩賜の硯箱のなかに、和尚の祖父の正装姿の写真がだいじにしまってあるのを、何度か見せてもらった。鬼籍に入るほんの少し前のものだというが、骨太な姿のなかにも親しみの感じられる表情が印象的で、和尚によく似ている。硯箱のなかには、母方曾祖母、つまり祖父の母親の写真、父親からの手紙、高野山大学時代の恩師の写真などがいっしょにしまわれていた。

学徒動員から高野山まで

少し時間を戻そう。和尚には学徒動員の経験がある。海軍の施設で、日々、重労働をした。頑丈なほうではなかったため、両親は心配していた。案の定、疲労のあまり、食べ物がほとんど喉を通らない日が続いた。一時は、真夏の炎天下でも日陰に移動することさえできなくなったそうである。しかし、やはり日々の積み重ねというのはたいしたもので、しだいに体力がつき、骨格もがっしりしてきた。和尚は体格に比べて手が大きく厚いが、当時の日々の鍛錬の結果だという。

そのようなある日、空襲があり、和尚は急いで厚い鉄板の陰に隠れたが、強烈な爆風で鉄板が倒れかかってきた。かろうじて命は助かったものの、肩に大怪我を負った。診察した軍医は、いったんは腕の切断をほのめかした。しかし、和尚が指を動かしてみたらなんとか動かせたので、すんでのところで切断は免れた。今もそちら側の腕は充分に挙上できない。和尚は「だからね、食べる姿は汚いの」と笑う。

和尚は医学部志望だった。しかし、戦時下の混乱のなか、入試会場には向かったものの、空襲警報による交通機関の混乱で試験には間に合わなかった。和尚は、それゆえ、父親が念のためにと内緒で願書を出してくれていた高野山大学を受験せざるをえなくなった。列車を乗り継いで急ぐ。しかし、またもや空襲警報により入試開始時刻には間に合わず。それでも、駅から必死に走って正門に近づくと、ひとりの教員が立っているのが見えた。

その試験委員長の先生は、受験生がひとり到着していないということでずっと待っていてくれたらしく、和尚の姿を見つけるや駆け寄ってきて、「Xくんか。試験時間はあと二〇分しか残ってないが、受験するか」と訊いた。和尚が頷くと、そのまま建物のなかに通された。案内された部屋は、定刻までに来た受験生とは異なる別室、つまりその先生の研究室だった。そこで、先生の机を借りて、ひとりで試験問題を解くことになった。

底冷えのする冬の高野山である。しかし、ありがたいことに、先生は和尚の座る机の下に小さな足火鉢を用意してくれた。そこに櫓《やぐら》が置かれて、炭も継ぎ足された。おかげで、和尚は、暖を取りながら試験を受けることができた。解答開始。集中――。それからどれくらいたったのか。あと二問というところまで来た。突然、部屋の扉が外から勢いよく開けられ、「大丈夫か」と叫びながら五～六人が駆け込んできた。

そのとき、和尚ははじめて、部屋に煙が充満していることに気がついた。試験に没頭するあまり、櫓が焦げはじめていたのがまったくわからなかったらしい。危ないところだった。しかし、これは、和尚の集中力が図抜けていることを端的に示す興味深いエピソードである。こうしていくつもの偶然が重なって、あまり寺を継ぐ気のなかった和尚が、はからずも僧侶への道を歩み出すことになった。

歴史ある高野山といえども、このような学生は前代未聞だったらしい。教授会でもいきなり有名人である。「端《はな》からみなを煙に巻いた」学生の噂が山内に広まるのにさほど時間はかからなかった。そして、この学生は、まもなく「お大師さん」というニックネームをもらうことになる。高野山という弘法大師信仰の本丸で、一介の学生がみなからこの名で呼ばれるなど、まさに法外なことである。

このニックネームについて、和尚はこともなげに、「弘法大師の文章や経典に書いてあることができないのはおかしいと言って、カラスを落としたりしたものだから」と言う。それは、学生時代、夏休みに実家の寺で、父親を導師として四度加行《しどけぎょう》という本格的な行に取り組んだときのことだった。加行とは、ある目標に向かって種々の行を積み加えて修錬すること。得度して受戒した者が、知識や作法などを学んだのちに四度行法を実修するのを四度加行という。和尚は九歳のときに得度はしていた。

四度行法は、懺悔《さんげ》のあと、如意輪法、金剛界法、胎蔵界法、不動法および護摩法の四段階に分けて修する、厳しい行である。「度」は「渡る」の意で、四回に分けて一線を越えるのである。うち、如意輪法は観音の大慈大悲の力を身につける行、金剛界法は金剛頂経にもとづき仏性《ぶっしょう》を育てる行、胎蔵界法は大日経にもとづき色身《しきしん》（生身）の仏に接する行、護摩法は護摩壇で火を焚いて拝む最終段階の行をいう。しかも、それぞれが前行と正行《しょうぎょう》から成っており、何十日もかけて、これらの行の口伝《くでん》を習い、次第を書写し、実修する（三井、1979、古梶、1985、田原、1999、今井、2007、Shepherd, 2009）。

四度加行を終えれば、真言宗の僧侶として伝授を受けるべきあれこれをひととおり身につけたことになる。すると、次には伝法灌頂《でんぽうかんじょう》という儀式が行なわれる。大日如来の化身たる大阿闍梨から「五智の法水」を頭に注いでもらい、伝法の印信《いんじん》（秘伝を受けた証明）と教えの系図を授かって、正式に阿闍梨として認められるのである。弟子に法を伝えることも許される。

さて、和尚は加行の各段階をふつうの倍の日数をかけて修し、護摩の正行にいたっては三倍の二一日間、断食で行なったという（一般的には二食《にじき》）。途中、金剛界法を修していたときのことである。田舎の夏なので蚊がやたらに多い。たまりかねた和尚は、師匠（父親）に蚊取り線香を焚いてよいかと問うた。これを聞いた父親は激怒。「そんなことでは、到底、まともな僧侶にはなれない。修行などやめてしまえ」と厳しくたしなめられた。

和尚は、すでに疲労と衰弱がピークに達していたけれども、激しくむかっ腹を立てた。むろん、激しく落胆もしていたのだが。そのときあいだに入ってくれたのが、ずっと心配して見守っていた母親だった。「叱られるのは可能性があるからこそ。そうやって人は磨かれる。磨いてもらえることを感謝しないといけないよ」と。眠れぬまま、水をかぶってから見上げた不動明王はいつになくきつい表情をしており、和尚は慈悲の怒りということに思い至った。母親に諭されて、和尚は、導師である父親に行の続行を願い出た。

和尚は「あのときの母親の言葉がなかったら、グレてたかもしれません」と言う。たしかに、効果は抜群だった。その夜の和尚の集中力はよほどすごかったらしいのである。拝みに拝んで、気がついたら、もう朝になっていた。そして、ふと見ると、何やら周囲に直径二メートルほどの黒い円がある。確かめてみると、死んで落ちた無数の蚊が積もっていた。和尚がはじめて張れた結界である。それを見た父親は、ことのほか喜んだ。

和尚がカラスを落としたのは、その直後である。蚊が落ちたことを知った妹がしゃべったようで、それを聞いた者が、ならば今度は鳥を捕まえてみせろと言う。和尚がためしに拝んだところ、二〇羽くらいの群れの先頭を飛んでいたカラスが池に落ちた。驚いて、急いで助けにいったが、水から掬《すく》い上げたときにはもう死んでいた。父親にばれて、和尚はこっぴどく叱られた。その後は、みだりにそういうことはしなくなった。和尚は今でも、自坊の周辺に棲みついているカラスに毎朝パンの切れ端を与えている。

和尚の四度加行の際の霊的体験は、ほかにもいろいろある。胎蔵界の行の結願《けちがん》の日には仏の姿を見た。その姿は、それではじめて父親から存在を教えてもらった寺の秘仏と同じだったという。さらに、護摩の結願の日には、拝んでいる最中に、大音響とともに隻眼《せきがん》の不動明王が現れた。和尚は、実家の寺の改修で出た古い材に、その不動の像を刻んでいる。父方祖父が教えていた剣術流派の立ち姿をした木像である。なお、像にはのちにプロの手が若干加わって、双眼になっている。

図3　手彫りの不動明王像

高野山にて

そんな和尚だが、はじめのうちは信仰への疑いもあったという。前節で、「お大師さん」なるニックネームの由来をめぐって、「弘法大師による文章や経典に書いてあることができないのはおかしい」という和尚の言葉を紹介したが、疑念はまさにこの点にあった。「書いてあることがほんとうならやって見せてほしい」と高野山のあちこちに頼んでまわったが、見せてくれる先輩はなかった。

ある先生などは、「そういうことを言うなら、きみはもう授業に来なくてよい」と怒りだす始末。和尚もさすがに後悔し、先生の家に電話で連絡をしてから謝りに行ったら、雪の降りしきるなか、夫婦そろって玄関先で待っていてくれた。そして、自分もずっと法力を得ようと試行錯誤してきたが叶わぬまま今に至っていると認め、和尚を励ましてくれたという。その先生とは、その後も長く交流が続いたとのことである。

ならば、書かれていることや学んだことの真偽は、自分でやってみて確かめるしかない。和尚はそう決心した。そのような意気込みで、先にもふれた四度加行に臨んだわけである。その結果、そしてまた以後のさまざまな行の結果、弘法大師の書き残していること、密教の経典に述べてあることがことごとく真実とわかった（ここでは、釈迦が人に説いた教えを顕教《けんぎょう》、大日如来が諸仏に説いた教えを密教と理解されたい）。

「やってみると、実際にそのとおりになりますから」と和尚は力強く言いきる。それら数々の荒行については、あとの諸章で詳らかにする。その前に、ここで、前節の四度加行の際の興味深いエピソードを一つ付け加えておこう。この行の期間中は、毎朝、水をかぶったり、お供えの水を汲んだりするために井戸に行く。初日のことである。朝、和尚が井戸のところに行くと、釣瓶《つるべ》が壊れていた。和尚は、やむなく、少し離れた別の井戸までバケツを持って水を汲みにいくことにした。

朝靄のなか、草を踏みながら歩いていくと、前方に何やら黒い影がある。目を凝らしてみると、ふつうの倍くらいの大きさはあろうかと思われる牛だった。あたかも和尚を通せんぼするかのように行く手を遮っている。追い払おうとしても、どこ吹く風で、動こうとしない。しかも、飼われている牛ならつけているはずの鼻ぐり（牛をつないだり制御したりするための鼻輪）がついていないのがわかった。

和尚はぎょっとしたが、逃げ出すわけにはいかない。一度はじめた行を途中で放棄することはけっして許されないからである。行はもとより命懸けなのだ。和尚は意を決し、目をつぶって、バケツをガンガン叩きながら牛のほうへ進んでいった。いつ来るか、いつ来るかと思って前進するが、襲ってこない。井戸端まで至って、作法どおりに水を汲み、懸命に拝んだ。目をあけてみると、もう牛はいなかった。

巨大な牛の登場は想定外だったが、こうして拝んで困難に打ち勝てたことは、教えに対する疑いを払拭する最初のきっかけの一つになった。高野山に戻ってから、この経験を、印度哲学の権威である学長に話したところ、聖牛との出会いをおおいに褒められた。「それはすごい。きみは伸びるぞ。「牛」という字は、地の底から芽が出てくることを意味しているからね。バ（馬）ケツを叩いて牛と対峙したとはおもしろい」。この学長は、和尚の父親の師でもあり、母親とは同郷で、よくご飯を食べさせてくれたという。

その後も、学長の胸もとに溢れ出る不思議な光を見て、小さな袋に奇《くす》しき宝珠が入っているのを言い当てたり、突然、見ず知らずの元海軍大将らの訪問を受けたり、と学生時代の和尚は話題に事欠かなかった。この訪問には学長以下、教授陣も驚いて、「Xくん、きみは何をやらかしたんだ」と右往左往したという。和尚には心当たりがなかったが、じつはそれが、のちに和尚が今の寺をまかされる伏線だった。そのことは後述する。

和尚は在学中も不断に行に励んでいた。そして、そのたびに、弘法大師や経典への帰依が堅固なものとなり、また法力というものへの確信が体験的に強まっていった。それゆえ、卒業論文には、法力を弓矢になぞらえて「当たってから射つ」と書いた。和尚は「先生たちからは、きみは何を言ってるんだとまったく理解されず、ずいぶん叱られました」と苦笑する。

第四章であらためて述べるが、和尚が主張したかったことは、要するに、時間的な前後関係を逆転させて結果を先に見通す、空間的な隔たりをものともせず光が届くよりも速く願いを成就させる、といった意味である。「先生たちからはあのように言われたけどね、実際、時空を超えるとそうなるの。今でもまちがいではなかったと思ってます」と和尚は穏やかに語る。

卒業後の三年間

和尚は、「高野山ではいろいろな人にたいせつにしてもらいました」と今も感謝の気持ちを忘れない。よほど将来を嘱望されていたのだろう。その証拠に、和尚は強く薦《すす》められて、予科二年、学部三年で卒業すると同時に研究生になっている。大学側が先回りをして、卒業前にあらかじめ和尚の父親の了承を取りつけていたという。研究生になると、研究費をもらって学問に打ち込むことができる。ただし、条件として、三年以内に最初の論文を書かなければならない。

その頃、和尚はすでに、法力で周囲に知られるようになりはじめていた。少しでもその霊験にあやかれることを期待して、和尚の入浴後の残り湯を汲みにくる者が多数いたという。和尚はあまり学究肌ではなく、実践派としてさまざまな行に取り組むための時間をたくさん必要としていたので、研究に精励して期限内に学術論文を仕上げるという課題は頭の痛いところだった。

和尚は寮の舎監の仕事も併せ行なうよう命じられた。生活に困ることなく研究に打ち込めるように、という計らいだったのだろう。ところが、和尚はあまりお金に執着がなかった。「スカンピンのときは、どこか見えないところに貯金している最中で、そのうち戻ってくることになってます」という考えである。だから、なけなしのお金も他人のために使ってしまうようなところがあった。

和尚が寮監をはじめて間もない頃、仲のよかった優秀な後輩が急に両親を亡くし、経済的理由から退学を考えざるをえなくなった。和尚は「心配いらないから残れ。格好だけでもいいから、授業には出ておけ」と強く促し、本人に内緒で授業料や食費を援助しはじめた。寮監はそういうことをこっそりしやすいらしい。といっても、当の後輩はすぐに気づき、担任にしょっちゅう和尚のことを話していたようである。

その年、つまり卒業して研究生になった年の七月、和尚は学長に呼ばれた。学生課長が病気で寝込んでしまったので、夏休みに入るまで学生課の仕事も兼ねてほしいとのこと。和尚は、二〇日間ほどだから、と考えて気軽に承諾。ところが、それからまだ何日もたたないある日、学長が学生課にツカツカと入ってきた。そして、「これ、わたしとくから」と和尚の前に封筒を置いた。開けてみると、「学生課長」という肩書きがついた和尚の名刺が入っていた。呆気《あっけ》にとられているの和尚をその場に残して、学長は「いいから、いいから」と出ていってしまった。和尚はこうして、大学卒業後わずか三か月の超スピード出世で学生課長を拝命したのだった。この時点では、まだ臨時採用の気持ちでいた。けれども、一〇月には、闘病中だった（前）学生課長の訃報に接した。逃げ隠れできなくなった。

和尚は、この大抜擢《ばってき》の背景について、「後輩の学費や生活費をひそかに援助していた話が伝わって、学生の面倒見がよいと思われたんじゃないかな」と推測する。むろん、和尚の持ち前の能力が高く評価されていたことも見逃せない。個人としての研究や修行にとどまらず、早いうちに運営や経営も広く経験させたうえで、将来を託せる大阿闍梨を、そしてゆくゆくは伝燈大阿闍梨を育てたい、という周囲の期待があったのかもしれない。

見込まれただけのことはある。和尚は、しょっちゅう断食の行をしながら、学生課長兼寮監として若者たちの世話をしていたらしい。その職にあった三年のあいだに、三週間ばかりの断食なら二〇回以上はしたとのこと。「三週間」といっても、徐々に食を減らしていく事前の準備や事後のゆっくりとした回復の過程も含めると、実際には、三週間の断食にも一か月半を超える日にちを要する。

計算してみればわかるように、断食を続けていた期間のほうが、断食からすっかり離れていた期間よりも長い。かろうじて回復したと思ったら、すぐにまた次の断食である。「出家したからにはしっかり修行したいと思って、三〇日ほどなら誰にも気づかれないくらい平然としていられるよう努めてました」と和尚。実際、「先生、ちょっと顔色悪くないですか」と敏感な者からときに訊かれる程度で、ほぼ隠しおおせていたという。

そのような、常識的には極限とも見なしうる状態のなかで、和尚は、深夜のトイレ掃除など、数々の日課もけっして怠ることがなかった（もちろん水洗ではない）。日々のあらゆる営みを行と心得て、素知らぬ顔で続けていた。和尚は言う。「断食すると、頭が冴えます。夜中には論文執筆に向けて猛烈に勉強していて、そうすると昼間は眠くなるんで、いっそう断食にチャレンジしました」。

和尚によると、断食をすれば、地獄、餓鬼、畜生、修羅、人間、天、仏の順に境地が上がっていく。開始当初は、身体の熱さに苦しみ、ついで食欲や性欲が亢進《こうしん》する。一週間たつと易怒《いど》的になるが、その後、落ち着いてくる。光や爽やかさが増し、遠くの微かな音（線香の燃える音や灰の落ちる音）、妙《たえ》なる楽《がく》の音《ね》が聞こえはじめる。三週間が過ぎると、心が澄んで身体を忘れ、意識が宇宙に広がって、過去や未来がわかるようになる。そして、観想しているイメージが実体化し、光り輝く崇高な情景のなかで色身の諸仏に相見《あいまみ》えるのだという。

病いを得ての帰郷

こうして、ひそかに行を重ねながらの、研究者、学生課長、寮監という三足の草鞋《わらじ》、三人役である（一時はさらに厚生課長を兼務したことも）。「ちょっと荷が過ぎた」と和尚自身も振り返る。数時間しか睡眠をとらない断食続きの生活が三年余り続いた頃には、さすがの和尚も体力の限界に達したのか、命に関わるような大病を患った。急遽、大学に辞表を出して帰郷することとなった。すでに戦争は終わっており、実家のほうでは、さいわい、戦争で亡くなった者はいなかった。

しばらく静養を続けたが、和尚の容体は悪化の一途をたどった。跡継ぎがいなくなっては一大事ということもあり、四人の腕利きの医師たちが呼ばれ、かわるがわる、付きっきりで治療にあたった。しかし、病状はもはや手の施しようのないところまで来ていた。臥床している和尚の耳に、隣の部屋で医師たちが小声で話し合っているのが聞こえた。「今夜が峠だが、越せないだろう。奥さん（和尚の母親）に何と言おうか」。

和尚が自分で脈を確かめてみると、たしかに、一〇回続けて打つことがない。そして、忘れた頃に何度かトントンと来て、また止まってしまう。しかし、不思議に、苦しいことはない。ただ、ときどき意識が遠のくだけである。和尚は「どうせ死ぬなら、断食して拝みながら死にたい」と母親に頼んだ。そして、「自分がこれから何か役に立つことがあるなら生かしてください。ないならこのまま死なせてください」と願をかけて拝んだ。

やはり、使命があったものと見える。それから三週間、断食をしていても和尚は死ななかった。名医たちの予想を覆し、生き延びたのである。その後は、薄皮を剝ぐように恢復していった。世話になった学長からは、辞表の提出はなかったことにするから復帰せよ、と言われた。しかし、病いは癒えても、暮らし慣れた高野山を離れるという和尚の気持ちは変わらなかった。もう一つ、別の理由があったからである。

和尚は高野山でいろいろな人たちにたいせつにしてもらったという。管長や学長はもちろんのこと、いくつかの塔頭《たっちゅう》の住職たちも特別に目をかけてくれた。そのような僧侶たちは同時に、大学で教えてくれた先生であり、なかには保証人になってくれた住職もいる。和尚が高野山で熱心に勉学に取り組み、仕事に精励し、ひたすら行に打ち込めたのは、ひとえにこれらの人たちのおかげだった。

ところが、この高僧たちは、和尚に異口同音に請うのである。自分のところにはいまだ跡取りがいないから、なんとかうちに来てくれないだろうか、と。高野山に数多くの若い修行僧がいるなかでそれだけ見込まれているということだから、和尚にとっては、いずれもまことにありがたい話だった。けれども、これが同時に、大きな葛藤の種にもなっていた。

どの住職にも、それまで一方ならぬ世話になっている。そこに軽重などつけられない。だから、和尚としては、一つの話だけに応じて他は断るというわけにはいかないのである。「病気のせいだけでなく、その問題もあったもんですから、高野山を出ることを選びました」と和尚は当時の苦渋の決断を振り返る。

塔頭の跡継ぎになって高野山にとどまっていれば、本山への貢献度も上がるし、密教僧としてのいろいろな位や資格も得やすかっただろう。そのとき、和尚は栄達の道も捨てた。しかし、和尚は言う。「高野山にいたら、塔頭が経済的に破綻しないためのやりくりに腐心せざるをえませんから、こうして好きなことを自由にやるというふうにはいかなかったでしょうね。位（暗い）はいらない、明るいがいいです」。

ただ、実際には、大学のほうは簡単に辞めさせてもらえなかった。辞表は受理されず、かたちのうえでは、当分のあいだ、休職という扱いになった。しかし、そこでへこたれないのが和尚である。戦後間もない四国の遍路を思い立った。もっとも、病みあがりなので、家族が許してくれるわけがない。ばれないように私服で家を出て、少し離れたところにある母親の実家に行き、そこで着替えて出立した。

遍路の最中は、五貫目（約二〇キログラム）の荷を背負って時速二里（約八キロメートル）ほどで歩いていた。鬚《ひげ》ぼうぼうで、髪も胸もとまで伸び、異様な風体だったらしい。札所に立ち寄るほか、途中、あちこちで滝行などもし、夏には土佐（高知県）に入った。土佐は遍路泣かせである。なにしろ、阿波、讃岐、伊予の道中に比べて、土佐では札所から次の札所までの距離がべらぼうに長い。もちろん、高低差もある。真夏の土佐ともなれば、とりわけ厳しい。ズック靴は底が破れて、足の裏が水ぶくれだらけになり、和尚は難儀した。

靴屋がないかとある村で訊いたら、あそこの家に行ってみろと言う。すぐに行ってみると、そこのおばあさんが自分の浴衣地《ゆかたじ》を裂き、一時間半ほどで草鞋《わらじ》を作ってくれた。ふつうのとはまったくちがう厚いもの。じつは、そのおばあさんは、草鞋作りの名人として知られている人だった。

「三か月くらいで擦りきれてしまうはずの草鞋が、おばあさんの作ったものになると三年もつ。ほんとうにありがたかった」と和尚は懐かしむ。

第三章　X阿闍梨のこと——青年期以降

荒行の時代

その頃、和尚は、いくら歩いても「拝む密度が上がらない」ことが気になっていたので、この機会に生の奥行きのようなものを学ぼうと決心した。遍照金剛（弘法大師）ゆかりの四国のみならず、全国津々浦々の「名人という名人を片っ端から訪ねて歩くことにした」のである。刀鍛冶《かじ》、陶芸家、画家、傘職人、大工……分野や業種は問わない。好奇心旺盛な和尚らしい行動である。草を茵《しとね》として山野に起き臥《ふ》しする全国版の遍路。和尚の長い旅は、三〇歳頃までの三年半におよんだ。途上、第七章で詳しく述べるように、あちこちに金鉱や温泉を発見したりもしている。ふらりと現れた旅の僧が杖を立てたところに泉が湧いた、という杖立て伝説で知られる弘法大師さながらである。和尚はこの廻国修行のなかで四〇〇名近い名人に会ったという。

のちに和尚が住職となった破れ寺を建て直す際にも、そのときの見聞がおおいに役立った。「たとえば、伐られた檜《ひのき》は一〇か月は生きていて、生き延びようと懸命に空気中の水分を吸うんです。その時期の材を見せられるとよいものに見えますが、それで建てると、あとで隙間ができてくる。そういった知識をちょっと披露したら、業者や職人のみなさんがびっくりして、とてもよい仕事をしてくれました」。

この頃、つまり大病が癒えてからの何年間かは、和尚がいちばん荒行に挑んだ年代でもあった。中部地方での寒中の滝行のときは、長時間、無心になって裸で座っていたら、冷たい岩に尻が凍ってくっついてしまい、気づかずに立ち上がったところ、直径五～六センチメートルくらいの肉が剝がれた。翌朝、凝固した血で下着がくっついて脱げなくなっていたので、はじめて気がついたという。和尚の言う「ハンバーグ事件」である。

和尚は、空海の修した、過酷な虚空蔵求聞持法《こくうぞうぐもんじほう》も行じている。塩や不浄食を断ち、眠る時間も惜しみ、五〇日もしくは一〇〇日をかけて、虚空蔵菩薩の真言「ノウボウ・アキャシャキャラバヤ・オンアリキャ・マリボリ・ソワカ」を計一〇〇万遍唱えるのである。五〇日間での満行を目指すなら、毎日十数時間をかけて二万遍という計算になる。命懸けの荒行である。空海は、山岳修行をしているときにひとりの沙門（南都の僧といわれるが諸説あり）に出会い、この秘法を授かったとされている。満行のあかつきには、あらゆる教法の文義を諳《そら》んじ、いっさいの罪障を滅することができるという。

若き日の空海（まだ真魚《まお》と名乗っていた）は、阿波の大龍嶽《たいりようのたけ》や土佐の室戸岬（最御崎《ほつみさき》）で求聞持法を修した。土佐では、断崖絶壁の御厨人窟《みくろど》（御蔵洞）に起居し、隣接する神明窟《しんめいくつ》で行じていた。そして、ある朝、虚空蔵菩薩たる明星が口に飛び込んできて、究極の境地を体験した。『三教指帰《さんごうしいき》』には「谷響きを惜しまず、明星来影す」とみずから書き記しており、弟子の手になる『御遺告《ごゆいごう》』には「明星口に入り、虚空蔵光明照し来たりて、菩薩の威を顕し、仏法の無二を現ず」とある。

和尚は虚空蔵求聞持法を二回修した。うち一度は、一二五歳のとき、阿波剣《つるぎさん》山中腹の式方岩近くの洞窟でのことである。「弘法大師が五〇日間だったというから、自分も五〇日間、湧き水を飲むだけの断食でやってみようと決心」。しかし、なにしろ、名だたる難行である。何が起きるか、わかったものではない。親友に、五〇日目になったら迎えにきてくれるよう頼んだ。そして、決死の覚悟で険しい山中に籠もった。

過酷な行も、ある時点までは順調に進んでいた。しかし、途中で思わぬアクシデントに見舞われたという。深山《みやま》にひとり、日用品も持たずに籠もっていると、日にちがわからなくなる。だから、経過した日数がわかるよう、和尚は二枚の皿と豆を用意していた。一日すぎるごとに、豆を一粒、一方の皿から他方の皿に移して、日にちを数えていたのである。ところが、何十日か過ぎたある日のこと、和尚は「立ち上がった拍子にちょっとふらついて、皿をひっくり返してしまった」。

覆水盆《ふくすい》に返らず。もう正確な日数はわからない。感覚のうえでは、そろそろ結願の頃かと思われた夜、和尚は「やさしい顔のお月さんが私の全身を包んで入り込んでくる」夢を見た。翌日には台風が襲来。洞窟の入口が芒《すすき》で覆われてまっ暗になったのを、もはや自由のきかない衰弱した身体で必死に掻き分けると、そこに台風一過の美しい空と海が広がっていた。涙があふれて止まらなかったという。

しかし、悦《よろこ》びもつかの間、さらに困った事態に見舞われた。行に入るに先立って親友に頼んでおいた迎えが、どういうわけか、いつまでたっても来ないのである。そこから、いつはてるとも知れない苦行の日々になる。「ある時点までは心身がどんどん澄みきってきてましたが、そのピークを過ぎるとね、しだいに意識が朦朧《もうろう》としはじめて……。このときばかりは死を覚悟しました」と和尚は述懐する。

何人かの人々が息を切らしながら、和尚のいる深山の洞窟まで分け入って上がってきたのは、それからまもなくのことである。医師もいるようだし、担架も用意されていた。ところが、その担架には、なぜかすでに誰かがのせられている。おかしなこともあるものだとぼんやり見ていたら、担架にのっていたのは、ほかでもない、迎えに来るのを約束してくれていたあの親友だった。

じつは、親友はいよいよという時期に肺炎に罹り、しばらくしゃべることもできずにいたらしい。少し恢復してきたと思ったら、誰やらを迎えに行かなければならないというようなことをうわごとみたいに繰り返す。そこで、付き添いの者がよくよく話を聞いてみたところ、やっと事情がわかった。しかし、場所が定かではないので、本人を担架にのせて案内させ、その世話をするための医師同伴で山を登り、ようやく洞窟までたどり着いたというわけである。

だから、その医師と担架は和尚のためのものではなかった。あとで聞くと、その時点で、虚空蔵求聞持法を行じはじめてから五五日が過ぎていた。豆の皿をひっくり返したのは、四〇日目あたりだったようである。「弘法大師がこの行を修したのは五〇日間だったといいますから、結果的に新記録になりました」と和尚は笑って言う。この行の成果については次章でもふれる。

求聞持法を修して「ほとんど誰も行ったことのない段階に入った途端」、空港の手荷物検査場のゲートで金属探知機を通り抜けるとき、何も持っていないのにかならず引っかかるようになった。「それが不思議でなりません」と和尚。「お経（金剛頂経）に書いてあるように、金剛の体になったのか、それとも何か波動でも出ているのか……」。和尚は、その後も、日々、簡略版の「普段求聞持法」を続けているそうである。

白羽の矢が立つ

廻国修行を終えたのちも、やはり高野山を辞すのは容易ではなかった。和尚がなおも復帰を渋っていると、そこまで言うなら、戦時中の空襲で焼けたままになっている別院があるから行ってみてはどうか、と勧められた。和尚は、高野山が経営する女子校に通っていたことから縁ができた結婚まもない妻とともに、その地に向かった。「ボロボロだとは聞いていたが、行ってみると、それだけではなく、借金だらけだった」ので驚いた。

返済に奔走するが、手が回らない。良家の出である新妻の顔がだんだん青ざめてくる。和尚が心配して、どうかしたのかと尋ねると、妻は嫁入り道具の簞笥の抽出《ひきだ》しを開けてみせた。空っぽである。たくさん持参していた高価な着物もほとんどなくなっていた。和尚の驚くまいことか。「家内にしたら、もうこんなの嫌だから里に帰ろうと思ったけれど、手許にはそのための交通費さえ残ってない。笑うに笑えない窮乏状態でした」。

ところで、話は遡るが、和尚がまだ学生だった頃、和尚の噂を聞いたという某大学教授やさる神道の大御所、そして元海軍大将が次々に訪ねてきたことがあった。前章で少しふれたとおりである。しかし、当時は、いずれも見ず知らずの客ばかりだったうえに、用件もはっきりしなかった。その元海軍大将から不意に連絡があったのは、ずいぶんたってから、つまり和尚が全国遍路ののちに別院復興に携わっていた頃である。

何の用だろうと首を捻りながら出向いたところ、ある皇族に引き合わされた。驚いた和尚だったが、話を聞いてみると納得できるものがあった。明治時代以降、国は仏教を蔑《ないがし》ろにしてきた。しかし、さきの敗戦で反省するに至った。仏教によって国を霊的に守護する体制を再び整えたい。

ついては、拠点の一つとなるある寺を再興するのに力を貸してほしい、とのことだった。かつて学生時代に訪ねてきた面々は、当該の計画を実行しようとしているグループのメンバーで、和尚はそのお眼鏡に適ったというわけである。

拠点となる予定の寺は、わが国に仏教を興隆せしめた聖徳太子と深いゆかりのある古刹《こさつ》である。かつては、修行、学問、福祉などの一大センターとして、また国内有数の霊地として、非常に重要な位置を占め、さかんに活動をしていたらしい。しかし、明治政府発足以来の見境ない廃仏毀釈運動で破壊と焼き討ちの憂き目に遭い、この当時は見る影もないありさまになっていた。

和尚に白羽の矢が立った理由はいくつかあったようだが、一つには、前章の冒頭で紹介した母方祖父の国に対する貢献が、皇室から政界、宗教界に至るまで、要人たちの記憶に深く刻まれていたことがあげられる。しかも、三〇歳になるかならぬかの若さみなぎる和尚の法力は、真言宗の関係者に知れわたっていた。そしてまた、その寺の復興をほかならぬ真言僧に託そうとすることにも相応のわけがあった。

わが国の信仰や政治の歴史を考えるうえで、真言宗は別格の宗派と言ってよい。なぜなら、平安時代から江戸時代末期まで宮中には空海の設けた真言院（修法院、曼荼羅道場）があり、歴代の天皇は即位にあたって灌頂《かんじょう》を受けることになっていたからである。灌頂とは、真言宗の僧侶になるためのイニシエーション（参入儀礼）をいう。つまり、明治時代以前の天皇は、みな真言僧だったわけである。明治以来の国家神道のあり方を反省するのであれば、真言宗の復位から取りかかるのは当然の成り行きだったろう。

こうして、和尚は皇族から請われて入山を決意した。しかし、道なき道を藪こぎしながら和尚がようやくたどり着いた境内にあったのは、長いあいだ放置されて荒れはてた伽藍《がらん》の残骸、わずかに焼け残って風雨にさらされた小さな建物のみで、床が腐って抜け落ち、仏像は半分泥のなかに埋まっていた。石塔がいくつかかろうじて見えるものの、もはや「ジャングルのようなありさま」で、毒蛇も多かったという。

ひとりで荒れ地を開墾するに等しい日々が続く。はじめは何もなかったので、和尚はやむなく、今は護摩堂が建っているあたりに、竹を伐っては小屋を掛け、地べたにビニール・シートを敷いて寝ていた。戦時中の経験や遍歴の経験があったため、野宿同然の暮らし自体はさほど苦にならなかったが、雨が降って土が濡れてくるとさすがに困った。そぼ降る雨のなか、苔生《こけむ》した石塔のあたりにはよく燐が燃えていたという。

雨続きで困っていたとき、たまたま、かつて高野山によく来ていた造り酒屋の女将と出会った。苦労話をすると、酒を醸す樽を入れ替えて使わなくなったのがあるからくれるという。中で人が暮らせるほどの大きな樽。ありがたい話である。ただ、麓近くまで持ってきてくれたのはよいが、当時はまだまともな道がなかった。そのため、そこから先は山の斜面に沿って引き上げなければ

図4　雨風をしのいだ樽

ならないという大問題が発生した。

　無理だと言って渋る土建屋に、和尚があれこれ指示を出す。戦時中の学徒動員の際に身につけた知識が役に立つときが来た。強引にワイヤーを掛けて上げさせる。時間はかかったが、なんとか境内まで樽を引き上げることができた。若い松がクッションになり、樽も木々もまったく傷つくことがなかったという。以後は樽での暮らしである。その樽は今も境内に置かれていて、当時の苦労を偲《しの》ばせる。

　いったん実家に戻っていた妻を連れてきたのは、和尚が入山して一年ほどしてからだった。道もなければ、住むところもなかったからである。入山当初より多少は開けたといっても、いまだ獣道とさしてちがわないところを、連れ立って登山。鬱蒼《うっそう》と繁る木々のあいだで、和尚は妻に、「いずれここには広い道がつき、このあたりとそのあたりにお堂ができて、あそこには塔が建つよ」と未来のヴィジョンを語ったそうである。実際にそのとおりになるのに、さほど時間はかからなかった。

山のスタート

和尚は言う。「弘法大師の『声字実相義《しょうじじつそうぎ》』に、口に出したことはかならず現実になると書いてある。おのずから実現する。誰もがもともとそういう力を持ってます」。たとえば、寺の前に立派な道ができたときのエピソード。和尚が「ジャングル」にやってきて五年ほどした頃、ある企業が寺の少し上の山中にゴルフ場を作る計画を立てた。ある日、予定地を視察するため、社長が社員の担ぐ輿《こし》に乗って山を上がってきたが、藪で擦り傷だらけになって寺に立ち寄った。和尚がドラム缶の風呂を勧めたら、社長は喜び、建設予定の道路が寺の前を通るようルートを変更してくれたうえに、電気まで通してくれたという。

また、こんな話もある。再興のために入山はしたものの、信徒や檀家がいるわけではない。すでに例の別院で一文無しになっている和尚夫妻は、いまだ掘っ立て小屋のような寺でかろうじて夜露をしのいでいた。と、そこに「ある人が一億円の寄付をしてくれましてね。そのおかげでスタートが切れたんです」と和尚は振り返る。その大きな会社の社長は、ある切羽《せっぱ》詰《つ》まった状況で和尚のもとにやってきたらしい。

翌日の正午までに何億円かが用意できなかったらもう会社が潰《つぶ》れる、という瀬戸際だった。すでに一度、不渡りを出しているので、もうあとがない。社長は会社のトラックでやってきて、「先祖代々のものであるこの積み荷だけはとられたくないので、こっそり預かってもらえないか」と和尚に懇願した。「こんなボロ家なら誰も気づく者はいまいから」と。なんとも失礼な話だが、それくらいの荒れ寺だったのだろう。

和尚は「それはいけない。帰って会社で拝んでたらいい」と促したが、社長は、頼みます、お願いします、の一点張り。そこで、和尚はこう言って社長を帰らせた。「こちらも今夜は寝ずに拝んでみるから、会社に戻って、（取り立てにくる相手を恨むのではなく）申し訳ないことをしてますけど、どうか幸せになってくださいって、本気で拝んでごらん」。それから和尚は、言葉どおり、夜通し拝んでいたという。

社長から電話がかかってきたのは、翌日の午前中だった。なぜかいきなり不動産屋が訪ねてきて、（社長の会社の）工場に隣接する空き地を買わないかと持ちかけられているというのである。不動産屋は何か事情があって急いでいるらしく、今もまだその場にいて社長の返事を待っている。社長は、状況が飲み込めないまま、とりあえず和尚に報告だけはしておこうと思って電話をしてきたわけである。

そのとき、黙って話を聞いていた和尚に一つのアイディアがひらめいた。和尚は受話器の向こうにいる社長にこう囁《ささや》いた。「ああ、それはいいチャンスだよ。じっくり不動産屋の話を聞いて、その空き地がいくらするのか尋ねてごらん。それで、次に、もしもその空き地と工場の敷地とをひとつながりの土地にしたとしたら、いったいどれくらいの値段になるか。それも訊いてごらん」。

いったん受話器を置いて待っていると、社長から再び電話がかかってきた。「空き地は▽▽円。それとうちの敷地を併せたら、だいたい◇◇円くらいだと言ってます」。和尚の読みどおりだった。「なら、頃合いを見て、『くっつけて一つにできるよう工場の敷地をあんたに売ってあげようか。そうしたら、あんたも儲《もう》かるだろう』と不動産屋に言ってごらん。敷地が高値で売れたら、借金が返せるし、さらにかわりの土地を買って工場を建ててもまだお釣りがくるでしょう」。

和尚の読みはこうである。二つの土地をくっつけた場合の価格はと訊かれた不動産屋は、社長がいますぐ空き地を買ったら一気にそれくらい大きな資産価値になりますよと吹っかけて、即決で購入するよう勧める作戦に出るだろう。それを逆手にとって、工場の敷地を売ってやろうかと持ちかければ、何かの事情で空き地を動かしたがっている不動産屋は、わずかでも儲けが出そうなら、自分の言った高値に合った価格で敷地を買い取らざるをえなくなる。すると、みなが得をする、という寸法である。

呆気《あっけ》にとられた社長は、「じゃあ、思いきって、そう言ってみましょうか」。そこで、「思いきってでも何も、もうそれしか助かる方法はないんだから、やってごらん」と和尚。社長が指示どおりに話を持ちかけた。すると、今度は不動産屋が「ほんとうですか。ほんとうに売るんですか」と驚いて、近くの公衆電話ボックスから落ち着かない様子であちこちに電話をかけまくっている。心配そうに和尚に電話で実況中継する社長に、和尚は「大丈夫。大丈夫だから」。

結局、工場の敷地の売却が決まった。社長はすぐに銀行などに連絡し、その日の正午になっていた期限を一日だけ延ばしてもらうよう頼み込んだ。なんとか了承を取りつけることができ、間一髪で会社は倒産を免れた。借金を返済して余ったお金で、少し田舎のほうに新たに安い土地を買い、工場を新築。二年半ほどで黒字に転じはじめた。その社長の多額の寄付により、和尚の寺はほんとうの意味でスタートすることができたのである。

仏像奇譚

その後も大口の寄付がしばしばあり、伽藍の整備は急速に進んだ。立派な本堂、護摩堂、大師堂、三重塔、弁天堂、客殿が次々に建てられた。石垣は堅牢さで名高い穴太《あのう》積みである。「ここは一気に伽藍が大きくなって、あとの住職は維持するのがたいへんだろうけど、よそとちがって、古くなるほど価値の出る選りすぐりの材でできてますから、一〇〇年か二〇〇年たったら重要文化財か国宝になって、あとは国が応援してくれます」と和尚は笑う。

こうした発展の裏にも、やはり母方祖父の大きな遺徳があったものと考えられる。だからこそ、再興して以来、何人もの皇室関係者や政府高官、あるいはそのような人たちの子や孫の参詣が絶えないのである。檀家総代が皇族だったことさえあり、和尚自身も皇室と姻戚関係があるという。さらに、崇敬者には、大小の企業の経営者も多い。とりたててお願いや宣伝をしなくても、資金はおのずから集まってくるようである。

そういえば、楼閣だけでなく、寺院になくてはならない仏像に関してもおもしろいエピソードがある。和尚が荒れ寺にやってきて四〇日ほどたった頃、かつての著名な国士の親族が訪ねてきて、寺の再興を和尚に託したかの皇族が亡くなったと告げた。そして、和尚が全身全霊で再興に取り組んでいる姿に深く感銘し、故人の遺志を継いで何か援助をしたいと申し出てくれた。当時、寺には「まともな仏像がなかった」ため、和尚はしっかりした不動尊の像がほしいと答えた。

その国士の親族は、のちに人間国宝になる仏師に不動明王像の製作を依頼してくれた。問題はそれにふさわしい材が見つかるかどうかで、製作はしばらく滞っていた。機が熟すのを待っていたところ、たまさかの強風のために春日大社の楠の大木が倒れるということがあり、それを篤信の人が買い取ってくれた。製材したこの神木のおかげで、ついに仏像製作をはじめてもらうことができた。

しばらくして、像が完成したとの連絡があった。かなりの重さがあるということで、和尚は製材所のトラックに乗せてもらい、遠方の町まで引き取りに出かけた。到着してみると、和尚も驚いたことに、そこには、訃報を聞いたかの皇族とはまた別の皇族の姿があった。それ以前、粗彫りが終わったというので確認をしに行ったときには、政府高官が来ていたという。

「そのお不動さんをトラックに載せてここまで運んできたときのことが不思議でかなわないんです」と和尚は言う。現地を出発してから寺に帰着するまで、一度も信号が赤になることがなかったというのだ。赤信号に引っかかりそうだと思っても、トラックが近づくとスーッと青になり、青信号はずいぶん離れたところにいるときからずっと青のままなのである。

直線距離にしても五〇〇キロメートルをゆうに超える行程。ただの偶然とは考えられない。あの政府高官が気を利かせて手配してくれたのだろうかと思って尋ねてみたが、答えはノー。そんなことがあるのは行幸《ぎょうこう》（天皇の外出や訪問）のときだけだ、と。それを聞いて、和尚には、何かストンと腑に落ちるものがあった。そして、「あのお不動さんはほんとうに生きておいでだという気がしました」としみじみ語る。

護摩堂の不動明王像だけではない。和尚の寺には、数奇な運命をたどってきた仏像がいくつもある。人師堂の半分焼けている強烈な弘法大師像のことは「はじめに」でふれた。ほかに、たとえば、同じく大師堂に祀られている聖徳太子像もそのような像の一つと言ってよい。太子像は、明治時代に廃仏毀釈運動で寺が焼き討ちに遭って以来、長らく行方不明になっていたのが、つい最近、百数十年ぶりに戻ってきたそうである。

焼き討ちに遭った日はちょうどお盆で、たくさんの善男善女が集まって盛大に盆踊りをしていたらしい。そこに暴徒が現れて人々を追い散らし、堂宇に火を放った。しかし、勇気ある者が燃えさかる火のなかに果敢に飛び込み、命懸けで聖徳太子像を担ぎ出し、ひそかに別の寺に預けたようである。以来、太子像はその寺で祀られていたのだが、六〇年近くたって事情が変わった。

預け先の住職が急に、太子像が恐いと言い出したのである。家族が次々に病気になるなど、いろいろな不幸が立て続けに起きて、どういうわけかわからないが、それが太子像のせいとされたらしかった。住職は始末に困った。預かり証があるけれども、返そうにも返せる先がない（時期的には、和尚が自身の寺の再興にようやくとりかかったかどうかの頃になる）。始末に困った住職は、聖徳太子創建のある古刹に引き取ってもらった。

その古刹でも、しばらくは問題なくこの太子像を祀っていた。ところが、それからまた五〇年余りたった最近になって、そこでも不可解な災難が続発して困りはじめたという。和尚に世話になっている人が、その古刹の僧侶と懇意だったことからたまたま事情を知り、預かり証もあるのだからということで引き取って、和尚の寺に持ってきてくれた。和尚が入山してから六〇年の節目に当たる年のことだった。

和尚の日常

ところで、長年、和尚の一日は、早朝の沐浴（水垢離《みずごり》）からはじまるのが常だった。日々の行に入るにあたって心身を浄めて状態を整えるとともに、水のごとき透明な流動体と化して我《が》を離れることを目的としている。暑い日なら気持ちもよいが、寒い日だとやはりつらい。若い頃、高野山の真冬の朝は身を切るような冷たさで、軒先からはいくつもの太いつららが垂れ下がっていたという。

水道などは、露出している配管が朝には凍りついていて、栓を捻っても何も出ない。だから、前夜のうちに水を汲んでおく。けれども、その汲んでおいた水も凍ってしまう。風呂を沸かすための薪で厚い氷をガンガン叩いて割ってから水をかぶると、大きな氷のかけらが頭や体に当たって、思いのほか痛い。そして、沐浴が終わって体を拭くと、これまた干してあった手拭いがパリパリに凍っていて、全身が擦り傷だらけになることもあった。

和尚とて、人の子である。こんな日に水をかぶるなんて嫌だなあ、と感じることももちろんあった。しかし、「そこで日課だから続けなければと思うとつらくなるでしょ。そうじゃなく、今日という日は二度とないんだからと考えて気持ちを新たにしたら、心はおのずから奮い立ちます。それがコツです」と和尚は言う。そうして、六〇年以上、沐浴を欠かしたことがなかった。

高齢になってからも、周囲が心配して止めるのを振りきって水をかぶり続けていたが、八二歳のある朝、水をかぶる井戸のところで意識を失った。早朝にお詣りにきた信徒が発見して、救急搬送。さいわい大事には至らなかったが、みなに迷惑をかけてもいけないと思い、それ以来、沐浴は控えることにした。しかし、「長年の積み重ねで、水をかぶるときのことは身体が覚えてるの。その場面を観想しただけで、今も、水の冷たさを感じて身震いしますよ」。言い換えれば、水行の際の研ぎ澄まされた心身の状態をいつでも再現できるわけである。

和尚は一日を四つの時間帯に区分している。拝む時間、学びと食事の時間、来客に会う時間、睡眠の時間、以上の四つになる。私たちが関心を抱くのは、何といっても、拝む時間である。「拝む」というのは和尚自身がよく使う表現で、本書でもすでに何度か登場している。「拝む」とは、密教でいう修法《しゅほう》を意味すると考えておけばよい。要するに、定められた作法に則ってなされる勤行である。

和尚が拝むのは、だいたい朝と晩におよそ三時間ずつといったところである。朝も晩も、本堂、護摩堂、弁天堂と順にまわって拝む。それぞれの堂内に蠟燭を灯して香を焚き、祀ってある諸尊を招いては供養し、説法を聞いてから丁重に見送る、いわゆる十八道行法にもとづく修法であったり、みずからが仏になる内《ない》護摩という護摩修法であったりする。ただし、内部に虚空蔵菩薩が祀られている塔のところでは周回が行なわれる。

次章でもう少し詳しく説明するが、朝晩になされているのは、いずれも観想を中心とする行である。とくに、昨今、内護摩を修する阿闍梨は少ないらしい。内護摩では火を焚かないが、その分、観想する力がより必要になるので非常に難しいという。和尚の内護摩に同座させてもらうと、真言を唱えたり読経したりする際にほとんど発声がないこともあって、たまに数珠を摺《す》ったり鉦《かね》を叩いたりする以外は、ただ半跏《はんか》（半跏趺坐《ふざ》の略。あぐらを組み、片足を他方の股にのせる座り方）で座しているだけに見える。しかし、ときおり、和尚の姿が金色か黄色の光に包まれたかのようになることがあった。「うん、そんな感じでしょう」と和尚は頷く。

和尚は最近、朝晩の勤行のほか、就眠前に（というよりも、おそらく寝る時間を削って）「また別に拝んでいる」とのこと。昨今の天変地異の頻発、世界の政治情勢の不安定さ、さらには将来いつか起きそうな彗星の衝突など、ありとあらゆる災害や紛争を散らすためである。高齢で体力にも限界があるので、「家族には、私に何かあってもジタバタ騒ぐなと言い含めてあります」。そのときだけに使う特別な五鈷杵《ごこしょ》を見せてもらったことがあるが、持ち重りのする非常に大きなもので、和尚の覚悟のほどが伝わってきた。

体力といえば、朝晩の勤行のときにかなり長い石段の登り降りがあって、和尚にはきつくなる一方だが、「一度やめるともうできなくなると思って、休み休みでも頑張って登ってます」とのことである。和尚の書斎には、足踏み式のトレーニング・マシンが置いてあるときもある。齢《よわい》九〇を超える和尚の背筋が今もピンと伸びていて、頭脳明晰な状態を保てているのは、そのような隠れた努力があれこれあるからなのだろう。

第四章　教えと行

生生生生暗生始　死死死死冥死終

第二章、第三章と、和尚の波瀾万丈の半生をたどってきた。それもふまえて、本章では、和尚の教えと行をまとめてみる。肝心なところなので、できるだけ詳細に記したいのはやまやまだが、私は灌頂を受けてはおらず、ましてや加行に挑んだこともない。それゆえ、和尚が行に関して私に答えうる内容には制約があるし、ここに記せることも私なりに理解しえた部分に限られる。その点はご承知おき願いたい。

和尚は実践のスペシャリストである。独創的な観点を構築するというよりは、経典や文献にある内容の本質を実体験によって確証し、その徳を広く世の人々に施すことをだいじにしている。私のような部外者が和尚に貴重な実体験を尋ね、一般の人にもわかりやすい言葉で伝えることができるなら、それはそれでメリットがあるのではないかと思う。もっとも、和尚の教えは多岐にわたるので、概観するだけでも簡単ではない。

ここでは、一つの方便として、和尚がしばしば言及する経典や文献の文言を目印として語りの内容を整理しよう。そのような文言を以下の各節の題名とし、それに沿って説明をする。よく知られているものばかりなので、なじみのある読者もいるだろう。それを次章でユング心理学の考え方と比べたい。なお、弘法大師空海からの引用は、とくに断らないかぎり、宮坂宥勝監修『空海コレクション』1〜2、福田亮成校訂・訳『空海コレクション』3〜4（ちくま学芸文庫）による。

最初の文言は、「生まれ生まれ生まれ生まれて生《しょう》の始めに暗く、死に死に死に死んで死の終りに冥《くら》し」。空海によるこの有名な一節は、主著の一つである「秘蔵宝鑰《ひぞうほうやく》」の序文に含まれている。「鑰」とは鍵のことである。ここには、私たちが無明の闇のなかにいるため、つまり真理に気づいていないために、いたずらに生死を繰り返している、という事実への深い慨嘆がある。

空海は「教王経開題」においても、「それ生はわが願いにあらざれども、無明の父、我を生ず。死は我が欲するにあらざれども、因業の鬼、我を殺す」と述べている。すなわち、自分で望んでいなくとも、私たちは無明ゆえにこの世に生を享け、仏教で因果や罪業と呼ぶもののために死ぬことになる、というのである。そして、そのような無明から脱し、この世で生きながらにして救われたり高次の心のあり方を実現（心品転昇《しんぽんてんしょう》）したりするのに、密教に若《し》くものはない、と主張する。

和尚は、「誰もがすごい力をもって生まれてきている。そのことに気づかないといけません」とくりかえし言う。「お経や弘法大師が言っていることをやってみたらわかる。書いてあるのはほんとうのことばかり。やってみると、実際にそのとおりになりますから」。和尚は力強く断言する。「すごい力」というのは、私たちのなかにはじめから備わっている超越的な力、仏（なんずく大日如来）の力を意味する。

真言宗では、あらためて言うまでもなく、大日如来を中心的な尊格としている。その名のごとく、太陽を象徴する超越的存在で、東大寺の大仏として知られる毘盧遮那《びるしゃな》如来と同じである。ただし、密教でいう如来は、図像学的には、顕教で説かれる如来の姿（装飾品を身につけない）とちがって、最も本質的な智恵を象徴する宝冠や瓔珞《ようらく》（宝石を連ねたネックレスなどの飾り）を身につけている。輝ける大日如来は、大宇宙の中心であるとともに、無限の光としての宇宙そのものでもある。

この仏は、宇宙として私たちを包み込んでいたり、太陽として私たちを照らし続けたりしているだけではない。じつは、終始、私たちの内にも存在している。そして、つねに瞑想しながら、みずからに対して真理を説く言葉を発して愉《たの》しんでいるという。つまり、「生の始め」のはるか前から「死の終り」のずっとあとまで、変わることなく私たちを内から照らす真理の光であり、大いなる力である。

私たちの心身は、一方で煩悩の源となっているが、他方ではこの内なる大日如来へと至る契機ないし通路としても働く。その際に妨げとなっているものが「自我」である。和尚は言う。「「自我」を行によって退けて無になることができれば、おのずから「すごい力」が現れ出てくることになります」。和尚が「自我」と呼ぶものは、ユング心理学で言うそれとは異なる点もあるので、混同を避けるため、以下「我」と表記する。

では、無になるにはどうしたらよいか。和尚が実践しやすい方法としてあげてくれたのは、数《す》息《そく》観や月輪《がちりん》観といった伝統的な観想法である。これにはなじみのある読者も少なくないかもしれない。いちおう、簡単に説明しておくと、数息観では深く長い呼吸を繰り返すのだが、自分の呼吸だけに意識を集中させながら、その回数を「一、二、三……」とゆっくり数えていき、一〇に達したらまた一に戻って数え続ける。

一方、月輪観では、白く輝く満月を思い浮かべ、そのなかに仏の姿や仏を象徴する梵字をイメージする。そして、息のやりとりをするのである。最後には、自身が月になり、すべてが映るまでになる。観想の助けとするために、そのような月の図像を描いた掛け軸などを使う場合もある。なお、これは和尚に聞いたわけではないが、「月輪」とはいうものの平面図ではなく立体像を、つまり球体としての月をイメージするのがよいらしい。

数息観にしても月輪観にしても、呼吸が要《かなめ》になる。和尚は、「内緒の近道」として、次のような呼吸法も教えてくれた。鼻から一気に最大量の息を吸い、それを下腹の底にグッと深くおさめてから、五か六くらい数えるあいだしんぼうし、今度は口から五、六回に分けて細く長く息を吐くのである。これを実践すると、「早ければ数週間、ふつうでも三か月くらいで見えてくる」という。「三摩地《さんまじ》」あるいは「三昧《さんまい》」と呼ばれる、仏と一体の境地のことだろうか。

和尚はまた、素人にもできる、簡単な行法を教えてくれたことがある。両手の掌を自分の体の前で合わせ、目よりも高い位置に一時間キープする、というもの。つまり、合掌した両腕を一時間ほど下ろさずにいたらよい。一回やれば一生効果が続くらしい。その次にインタビューに行った際、容易にできたと報告すると、「機が熟していたんでしょう。ならば、私の手の上に掌を置いてごらん」と和尚。そのようにしたら、「これなら「手当て」(いわゆる手かざし治療)ができる。二、三人やると自信がつくよ」とのことだった。

無我の大我

「生の始めに暗く……死の終りに冥」かった者が、縁あって密教の教えに開かれていくと、どうなるだろうか。何が起きるのだろうか。行者はさしあたり、いつでも満月がイメージできるよう訓練し、その月や月のなかに坐《いま》す如来と一体になることを目指す。いわゆる「入我我入観《にゅうががにゅう》」である。つまり、如来が行者のなかに入り、また行者が如来のなかに入るのを観想する。空海は、

「即身成仏義」で、仏と行者の「互相加入《ごそうかにゅう》」「彼此摂持《ひししょうじ》」と表現している。

内的なイメージ体験は非常に重視される。空海が般若心経を密教の立場から捉え直した「般若心経秘鍵《ひけん》」の冒頭に、「仏法遥かに非ず、心中にして、即ち近し。真如、外《ほか》に非ず、身を棄てて、何《いず》くんか求めん。迷悟我れに在れば、発心《ほっしん》すれば、即ち到る」とある。究極の真理は、けっして遠くにあるわけではない。行者の心のなかにある。迷いも、そしてそれが機縁になって生じる悟りも、ほかならぬこの身のなかにあるのだから、観想の経験によって「今ここ」で「この身」において根本的な変容が起きることもありうる。

厳密に言えば、観想だけでなく、身体や言葉もともなった行でなければならない。心技体ならぬ身口意、あるいは身語意が重視される。シンプルに説明するなら、身は印《いん》を結ぶこと、口（語）は真言を唱えること、意は観想することを指す。たとえば、大日如来の姿を細部までありありとイメージしながら、如来の「まことの名前」である真言（オン・アビラ・ウンケン・バザラ・ダト・バンなど）で呼びかけ、手指で如来を表す印を作ることにより、その秘密の領域に参入する。

ただし、本来の身口意は、行ない、語り、思いのすべてである。行者の身口意はそもそも人間の不完全さを免れることができず、てんでバラバラになっており、三業《さんごう》と呼ばれる。一方、如来もまた、つねに身と口と意の三つの働きを行じている。こちらは完全であり、三密という（「密」

は深遠な働きを意味する)。だから、如来の三密による助力を得ること(加)、および行者が自身の三業を三密に高めること(持)が求められる。そのようにして、行者の三業を三密に一致させ(加持する)、智恵も力も自在に働くことを目指す。

和尚は言う。「人間が、やっていること、しゃべっていること、思っていることを一致させる。それが三密加持。全身のいろんな役目をしている何十兆もの細胞が一つに揃う。行をしていると、この三つがほんとうにバシーッと揃う瞬間というのがあるんです。そういうときには、臍《へそ》のあたりがちがってきます」。和尚の言う「臍のあたり」は、いわゆる丹田《たんでん》のことと考えてよい。そのちがいは、断食をしているとわかりやすいそうで、とくに虚空蔵求聞持法を修していた際には顕著だったという。

前節で述べた「内緒の近道」である呼吸法の場合であれ、真言を絶え間なく誦し続けるうちにおのずからそうなる場合であれ、鼻から息を吸って、いったん溜め、何度かに分けて口から吐いていると、その最中にある決定的な変化が起きる。つまり、こうである。腹式呼吸なので、いずれにせよ、吸気の際には下腹部が膨らむ。「いっぱいいっぱい吸って、これがもう満タンだというような状態になっていても、ちょっと臍を引っ張り出すようにすると、また空気が入るんです」。

和尚の説明は続く。「ふつうに呼吸しているだけだと、横隔膜があるせいか、上下はすぐに

「もういっぱいだよ～」ってしんどくなります。それ以上、吸えなくなってしまう。けれど、臍のあたりが前に出ると、さらなるものがグッと入ってくるようになる。そして、吐いたときには、またスーッと引っ込む。しんどくなったところでお腹《なか》をこう揺らしてやるとね、臍が出て楽になる。そのときに、ある変化が起きるの」。

和尚によると、横隔膜の限界までというのは、いくら一生懸命に呼吸法を行なっているとしても、まだまだ身体のなかでの話にすぎない。ところが、求聞持法で五〇日を越えるくらい長く断食を続けて、文字どおり、生きるか死ぬかというぎりぎりの状況になると、虚空蔵菩薩の印を結んでいる両手の下で臍が膨らみ出た瞬間、大きな変容が生じる。そのとき、和尚は、おのれの身体がそれまで隔てられていた宇宙とつながる経験をしたという。

「そういう状態のときが、いちばん、真我というか、自分の体を超えた大きなものに入れたときだった気がします。このあたりが膨れたときだけ、それまでになかったものがグッと入ったような気がするんです。ちょうど臍で息をしているような……宇宙の命とつながったことがわかります」。弘法大師の言葉では「無我の大我」だと和尚は言う（「答叡山澄法師求理趣釈経書」、後出）。我が消えて「大我のほうへつながった」のである。

こうして、我という覆いがとれて、もともと持っていた「すごい力」、すなわち大我、真我が姿を現す。和尚は言う。「あとで考えてみれば、母親のお腹のなかにいたときには臍からすべてをもらって、それで生きていたわけでしょう。オギャアと生まれる前までそうだった。それが、やはり、宇宙につながっているいちばん古い道ではないかな。ああ、もう大丈夫だと言って切ってしまったけれど、それでもなお何かが働いているのだと思いますね」。

真言の果はことごとく因果を離れたり

和尚が厳しい行を重ねてきた目的は何だったのだろうか。その点をめぐってよく出てくる文言が、「真言の果はことごとく因果を離れたり」である。この有名な文言は、空海の「即身成仏義」に見ることができるが、真言宗が重視する二大経典の一つである大日経の悉地出現品《しつじしゆつげんぼん》第二から引用されている。二大経典とは、密教が依拠する金剛頂経と大日経のことである。ここでの「因果」は、むろん、他生の行ないが今生に報いとして現れるという仏教本来の意味で使われているが、和尚がこの文言を口にするときには、現実を支配している因果律という意味合いも重ねられていることが多い。

話の都合上、今さらではあるが、ここで密教について拙い説明をしておこう。わが国では、今も有力な顕教諸派のほとんどが鎌倉時代に興ったり伝来したりしたのに対して、密教はそれ以前の平安時代に伝えられたため、より古い種類の仏教だと誤解されがちである。しかし、世界的に見ると、密教は顕教諸派よりも後代に成立している。そして、その後、仏教の勢いは一部地域を例外として衰えてしまったため、密教は仏教の最終進化形態と見なしてよい。

顕教とは、難解な仏教の教えを釈迦が人間にわかりやすい方便として説いたものを指す。それに対して、密教の教えは、宇宙の根本たる大日如来が直接、金剛薩埵《さった》を代表とする諸仏に対して説法したものとされている。それゆえ、方便というようなものではなく、真理そのものである。しかし、だからこそ、人智では容易に理解しえない。密教と呼ばれる所以《ゆえん》である。

密教の「密」は、かならずしも秘密ということではない。むしろ、非常に高密度の教えを意味すると考えるほうがよいだろう。なお、金剛薩埵は秘密主とも呼ばれる仏で、大日如来からの教えにもとづいて修行を重ねたすえに即身成仏した存在である。真言宗第二祖とされているが、他方で、真言宗の行者はみなが即身成仏する金剛薩埵であるとも考えられている。

解脱ないし成仏という究極の目的をめぐって、顕教は、現世の否定をもとに教えを説くことが多い。ところが、密教は、それら諸派に対抗しながら最後に隆盛を極めただけあって、きわめて現実肯定的である。輪廻転生のはての遠い未来における救済を目指すのではなく、「今ここ」、この身のままでの解脱（成仏）を約束する。話が前後してしまったが、それを成し遂げた者を金剛薩埵と呼ぶわけである。

前節でふれた「般若心経秘鍵」における空海の言葉にもあったように、根本の真理はごく近くにあり、身を棄てることなく、ただちにわがものにできる。いつまでも因縁や因果に縛られてはいない。密教はそう主張する。まさしく、「即身成仏」であり、「因果を離れたり」である。和尚の言葉を借りるなら、「この身のままで仏と同じものを持っていると言っているのは密教だけ」ということになる。なお、念のため申し添えるが、即身成仏は、即身仏と呼ばれるミイラ（木乃伊）のことではないので、くれぐれも誤解なきよう。

和尚はふだんから、因縁だの輪廻だのということをあまり言わない。伝統仏教の僧侶らしからぬところである。「真言の果はことごとく因果を離れたり」なる文言も、この節のはじめに述べたとおり、密教の教えによって因果律を超越するという文脈で引用することが多い。私たちのような素人にもわかりやすいようにとの、それこそ方便なのかもしれないが。

因果律は私たちの身近な物理的世界を強力に支配している。いわゆるニュートン力学の世界である。任意の時間が経過したときにある物体がどこでどうなっているか、現在の位置、運動の方向や速度といった初期条件さえ与えられていれば、因果律のおかげで正確に予測できる。逆に言えば、私たちは因果律によって時間に、ひいては空間に縛りつけられている。通常、私たちは因果律の外に出られないため、ときにこの法則の埒《らち》を超えたかに見える事象が発生すると、奇跡、神秘、偶然などと呼ぶことになる。

しかしながら、二〇世紀に入ると、古典的なニュートン力学が成り立たない領域が広く存在することが明らかになった。人間サイズの物理世界ではニュートン力学があいかわらず幅を利かせているが、超マクロの世界と超ミクロの世界はちがう。因果律では予測不能な現象が起きている。超マクロの物理現象を理解するには、A・アインシュタインが提唱した相対性理論、超ミクロの物理現象を理解するには、W・ハイゼンベルクやE・シュレディンガーが定式化した量子力学が必要になったのだ。

「科学もようやく追いついてきたようですが、弘法大師は一二〇〇年も前にすでにそういうことを知ってました」と和尚は言う。「真言の果はことごとく因果を離れたり」という文言を、因果律の超越、すなわち時間という縛《しば》りの超越および空間という制約の超越と捉えるならば、たしかにそのとおりである。因果律によって予測したり記述したりできない領域の存在を科学が認めたのは、つい最近のことと言ってよい。

空海は、時間の超越に関して、たとえば「秘蔵宝鑰」の第十秘密荘厳心《ひみつしょうごんしん》の説明で「達悟に及び已《おわ》んぬれば去来今《こらいこん》なし」と述べている。すなわち、行によって究極の境地にまで至れば、過去、未来、現在といった区別は消失するのである。前にも述べたが、和尚はよく、庭の松の木を指差して「当たってから射つ」と言う。名人の境地では、的《まと》が限りなく近づいてきて、ついに的と一つになるため、当たることがもはや射つ前から決まっている。時間の前後関係や原因と結果の関係を逆にすることで法力を発揮するというわけである。

ちなみに、量子論に関係する逆向き因果という考え方もある。未来の事象が現在や過去の事象を決めたり、現在の事象が過去の事象を決めたりするような因果関係を指す。そこでは、相関のある事象のうちどちらが原因でどちらが結果だと見るかは人間の主観の問題にすぎないという議論があるらしい。逆向き因果は量子論のうえでの難題を解決する可能性があるようだが、理屈のうえではありえても、現実に存在する保証はいまだないそうである（森田、2011）。

一方、空間の超越について、空海は、「即身成仏義」のなかで「三密加持すれば速疾に顕わる」（「三密加持して……」とも解される）と述べている。三密と加持については、前節ですでに簡単に説明したので繰り返さないが、ここでは「速疾に顕わる」に注目されたい。つまり、三密加持の成果は即座に現れる。時間などないに等しい。ただちに現実のものとなる。空海はそう言うのである。そして、「妄執《もうしゅう》の差別《しゃべつ》、これを時《じ》と名づく」とも。

また、これは空海自身ではなく、空海がしばしば引用する龍樹《りゅうじゅ》（龍猛《りゅうみょう》菩薩、真言宗第三祖。ちなみに空海は第八祖）の「菩提心論」からの文言だが、「座を起たずしてよく一切の仏事を成《じょう》ず」というのがある。つまり、居ながらにして必要なことは何でもできるし、離れていても何でもわかるのだ。まさに法力。和尚はこの言葉もよく口にする。大日経には「等至《とうし》三昧《ざんまい》」という言葉もあり、いかなるところとも等しくつながる境地があると説いている。

重重帝網《じゅうじゅうたいもう》なるを即身と名づく

前々節で呼吸法とその究極の体験について述べたが、和尚は呼吸をしながらどのような観想をしているのだろうか。そのプロセスを垣間見てみよう。和尚は、たとえば、次のように説明することがある。「月をしっかり観念して、それと一体になって、自分が消えてしまい、透明人間になるような、知らないあいだに宇宙そのままの光だけが感覚に残るような、そんな訓練をします」。これは五相成身観《ごそうじょうしんがん》と呼ばれる観想法の一部と考えればよいだろう。

和尚はこうも述べている。「月と息を交換していって透明になって、世界中と映し合うところまで行きます」と。密教において、夜の闇に白く輝きわたる満月は、仏の三昧の境地、静慮《じょうりょ》（悟り）の境地そのものを表す。そのような月と呼吸を交換し続けると、行者の息はどんどん清浄なものと入れ替わっていき、自身も浄化されて透明になってしまうというのである。そうなると、もはや闇と月の区別などなくなるのかもしれない。

その証拠に、和尚は次のような体験を語っている。「だんだん見えるようになるんです。譬《たと》えて言うと、澄みきった池の水にまわりの景色が映っているのを見るような感じ。鏡に映っているのが多数で映し合って、世界中のことが居ながらにしてわかるし、できるようになる。経典にもそう言われていますけどね、それはほんとうのことです」。

ここで和尚が言っている「経典」とは、おそらく前節でふれた龍樹の「菩提心論」のことであり、その一節、「一座を起たずしてよく一切の仏事を成ず」を指すのだろう。空海が「菩提心論」からこれをしばしば引用することはすでに述べたが、この特別な密教経典は、空海の著作を中心に真言宗がとくに重視する聖典を集めた七部十巻の「十巻章」にも含まれていることを付言しておく。

さて、和尚はここで、澄みきった池の水が周囲を映し出す、あるいは曇りのない鏡同士が姿を映し合う、という譬えを用いている。これは空海の「即身成仏義」にもとづく。空海は、この著作の冒頭に、全体の要旨を簡潔な詩のかたちで掲げている。「即身成仏頌《じゅ》」という有名な二頌八句から成る詩で、第一の頌の四句は「即身偈《げ》」、第二の頌の四句は「成仏偈」と呼ばれる。「即身成仏義」は、空海が独自に構築した真言密教の体系の中心となる「即身成仏」の思想を説くもので、とりわけ「即身成仏頌」の箇所は、今この身のままで仏であるという教理のいちばんのエッセンスと言ってよい。和尚による譬えのもととなっている空海の言葉は、即身偈の第四句である。曰《いわ》く、「重重帝網なるを即身と名づく」。なお、この句の直前にあるのが、前節でふれた「三密加持すれば速疾に顕わる」である。

「帝網」とは、仏教に帰依して仏法を守護する異教の神、すなわち天部《てんぶ》の代表たる帝釈天（インドラ神）の宮殿に張りめぐらされた、きらびやかな網をいう。その網は、無数にある結び目のすべてに宝玉がつけられている。広大な網にそのようにしてちりばめられた宝玉の一つひとつが、あたかも曇りのない鏡のように周囲を映し出すとともに、たがいを映し合う無限の連鎖を作り出す。

これこそが「即身」の状態であり、「即身成仏義」では、続けて「三平等」に関連させて説明している。「三平等」とは、少し乱暴にまとめるなら、仏と行者と衆生《しゅじょう》（命あるすべての存在、とくに人間）には区別などないとする教えである。つまり、空海は、仏の身、行者の身、衆生の身に隔てがなく、一致し融合していて同体であると説く。その点が、帝網にちりばめられた宝玉同士がたがいを映し合う状態に譬えられていることになる。

和尚はそういった理屈にはあまりこだわりがないように見える。「世界中に散らばっている無数の鏡がたがいに映し合っているんだから、極端な話、地球の裏側で起きていることまでこの場で見えます」というのである。まさしく、「座を起たずしてよく一切の仏事を成ず」。それにしても、無数の鏡とは何のことだろうか。思うに、この世の森羅万象それぞれの本質にあたるものと考えればよいかもしれない。

和尚による少し異なる角度からの説明の言葉が、そのことの傍証となるだろう。和尚は言う。自分が澄みきってくると、「大自然の波動と合ってきて、思うことが思うようになりやすい」。あるいはまた、「物理的にも考えてみないといけないことはいっぱいあるだろうけど、大自然の波動と合えば、たいていのことはできるようになってきます。それは言えると思いますね」。

心体自《しんたいじ》如《によ》にして身心《しんじん》を見ず

和尚が朝晩に、火を焚かない護摩、すなわち内護摩を修していることは前章に記した。他言してはならないことが多いため、真言宗の僧侶でもあまり実際の行法を知らないという。内護摩では、火を焚く外《げ》護摩とちがって、諸仏を招いて供養することには主眼がなく、行者自身が仏になることに重きが置かれているそうである。「懸命に拝んで、我をなくして無になれば、おのずから仏が入ってきます」と和尚は言う。

和尚は、内護摩次第に従い、三〇～四〇分ずつかけて、三つのお堂で順に修していく。まず、護《ご》身法《しんぽう》からはじまる。これはいくつかの決まった作法から成っており、印を結んで真言を唱える。文字どおり、邪悪なものが取り憑かないようにする「護身」の意味もあるが、むしろ、すでに取り憑いているものを祓う意味合いのほうが重視されているようである。つまり、護身法によって行者は浄まっていく。

護身法による準備ができたら、次はバンの梵字（）を観想する。和尚の場合、長年の行により、人壇の前に半跏で座るとそれだけでバンの梵字がイメージされるようになっている。「それが癖になるようにしてあります」との由。バンの梵字は、大日如来を表す。というよりも、如来そのものである。そこから甘露《かんろ》の水が湧き出てくるのを観想する。沐浴によって、さらに浄まるわけである。

少し前にも述べたが、和尚は八二歳まで毎朝、水をかぶっていたし、若い頃に滝行もしょっちゅうしていたので、ただ思い浮かべただけでも非常にリアルで、水の冷たさに身震いするという。しばらくのあいだ、滝に入っているつもりで座っている。そのようにして座り通していると、勢いよく落ちてくる水によって「体から垢がどんどん落ちて、きれいに、きれいに、きれいになって」、すっかり清浄だと感じられる段階が来る。

図5　胎蔵界曼荼羅（教王護国寺〈東寺〉蔵,『伝真言院曼荼羅』）　写真提供：京都国立博物館。

すると、今度はタラークの梵字（　）があって、如意宝珠になる。タラークは多宝如来もしくは虚空蔵菩薩を表す。如意宝珠の印を結んでいると、「自分がどんどん透明になる。靄《もや》がしだいに晴れて、すべてが見通せるようになっていきます」。そのうち、全身が宝珠と化すにつれて、光があふれ出てくるのだが、あふれ方はそのつどちがう。たとえば、「年輪のような同心円状の光となることもあれば、まぶしい閃光《せんこう》が走り貫くこともあります」。

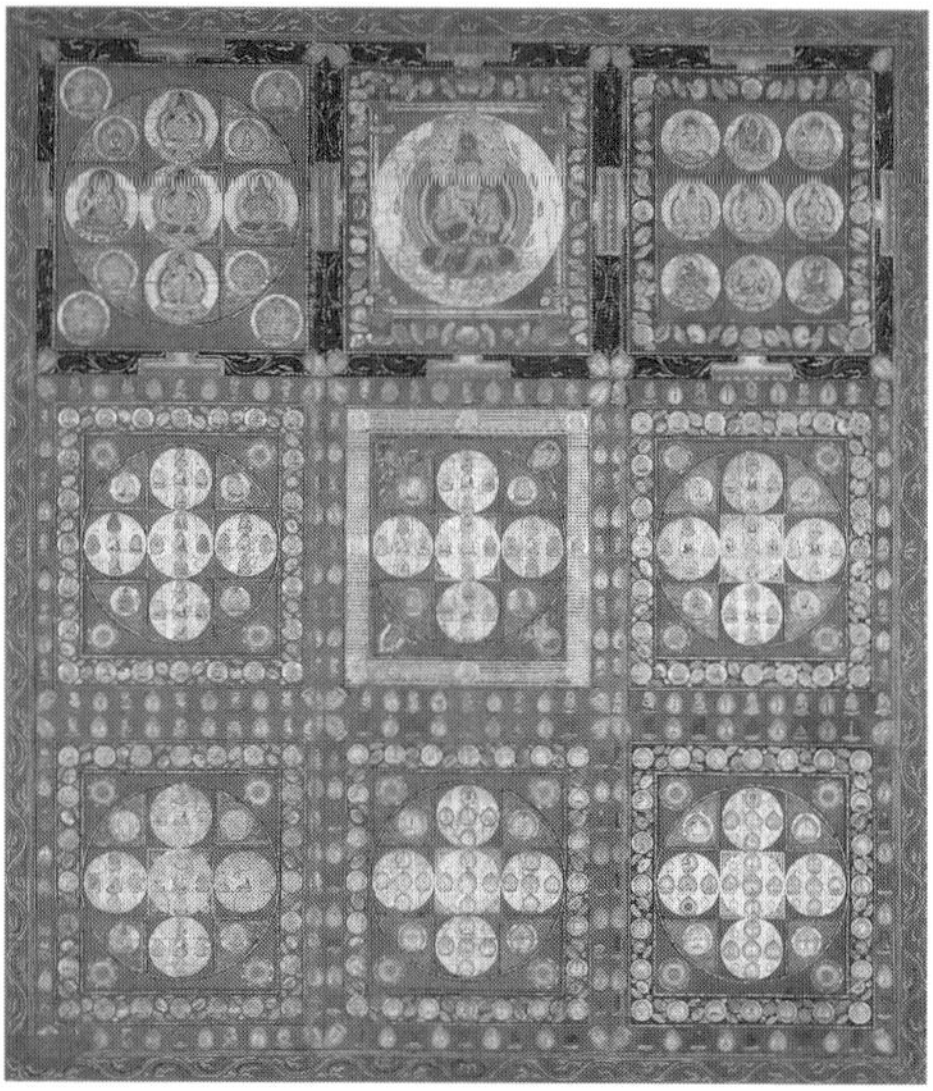

図６　金剛界曼荼羅（教王護国寺〈東寺〉蔵，『伝真言院曼荼羅』）　写真提供：京都国立博物館。

光を通過させ、光を発する、宝珠になった自分の透明さが「しだいしだいに広がっていって、日本全土を包み、世界中を包み、宇宙全部まではまだできないけれども大きく包んでいく。そうして、ありとあらゆるものと一つになる。ありとあらゆるものを一つにする」。菩提心論に述べられている、「心体自如にして身心を見ず」の境地である。心の本体はありのままにあるが、何もかも消えて光になり、いっさいが自分になるのだという。

そのようにして「無数の命が輝いてくる」。そして、ありとあらゆるものが見えるようになる。一種の曼荼羅世界の現出が体験されているのだろうか。曼荼羅は宇宙の根本的な構造や原理を表す密教の聖なる図像であり、幾何学的な構造のなかに多数の仏（あるいは、その象徴である法具や梵字）が整然と描かれている。大日経にもとづく胎蔵（界）曼荼羅と金剛頂経にもとづく金剛界曼荼羅がよく知られている。

曼荼羅は、須弥山《しゅみせん》の山頂にある諸仏の宮殿を俯瞰した図として説明されることもある。おそらくは、瞑想の究極の到達点で感得されたイメージと思われるが、密教の行においては観想のモデルとして使われることが多い。四度行法における金剛界法は、金剛界三七尊曼荼羅を拝む行法、胎蔵界法は、胎蔵界一三大院の曼荼羅を拝む行法である。また、伝法灌頂では、目隠しをされた行者が敷《しき》曼荼羅に花を投げ、落ちたところに描かれている仏と特別な縁を結ぶ、投華得仏《とうけとくぶつ》という儀式がある。

光のほかにも、和尚はいろいろなものを見ている。「代々の住職かと思われる僧侶たちの姿がずらずらずらずら現れたり、着ているものがみなちがう幼稚園児か小学生くらいの子どもたちがたくさん入ってきたりもします。それも、一〇〇人や二〇〇人ではない。いくらでも、あとからあとからここに上がってきます」。そして、「よほど調子がよければ、弘法大師のお姿を見る」こともある。かつて四回ほど、そういう経験があった。

「そういうときには、きまって、最初に伽羅《きゃら》のよい香りがします。そして、衣擦《きぬず》れの音がしたと思ったら、最初は姿がぼやっとしていたのが、霧のなかから現れてくるような感じで、最後にはっきりしてきます」とのことである。その姿を目の前にすると、「やはりすごい感じがしますね。あの爽やかさ。ほんとうに清々しい」。そして、「気品がある。恐いわけではないが、知らないあいだに頭を下げている。気がついたら拝んでますね」。

和尚は近年、朝晩の勤行とは別に、深夜にも一時間半ほど、内護摩を修している。「もう歳も歳だし、少々寿命が短くなってもかわりないから、一生懸命に拝んでます」という。国と国民の安寧を願ってのことで、とりわけ巨大地震など自然災害の発生をくいとめたり、被害を最小限に抑えたりするのが目的となっている。

私は深夜の特別の内護摩にも同座させてもらったことがある。朝晩の勤行のときと同様、蠟燭の薄明かりのなかに半跏で座っている和尚にはほとんど動きがなく、上体がときにわずかに揺れたり傾いたりする程度である。「外から見ていると、いつもとそれほどちがわないと思いますが、見た目は同じようでもちがう拝み方をしてます。この拝み方をするときには、自分が金剛杵になって、地下の火の海に降りていって鎮める。大地の神々にぶつかっていって、静かにしてほしいとお願いするの」。

たしかに、和尚の姿にさしたるちがいはない。しかし、深夜の内護摩のとき、私は、座の下からもうもうたる蒸気と無数の龍が立ち昇ってくるヴィジョンに捕らえられた。終わったあと、何か見えたかと和尚が訊くので、私はそのまま答えた。すると、和尚は「せっかくだから、これをお見せしましょうか」と言って、懐から錦の袋を取り出し、紫の紐をほどいて、なかのものを出してくれた。懐中電灯の光のなかに浮かび上がったのは、黄金色に輝く特大の五鈷杵だった。

和尚に勧められるままに持たせてもらう。掌に吸いつくようにずっしりと重く、しかも熱い。

「これをするために特別に作らせました。天部を拝むときには、また別のを使います。これを持っているとね、三昧に入りやすいんです。五鈷杵は大日如来。この五鈷杵になって、大地の神々に向き合う。なにしろ、すごいエネルギーだから。今こういう拝み方をしている者はほとんどないです」。和尚に見送られて帰途に就いたあとも、その五鈷杵の熱さと重さの感覚はしばらく掌から消えなかった。

大欲得清浄《たいよくとくせいせい》

和尚のこの特別な内護摩の背景に、伝来当初より鎮護国家を掲げてきたわが国の密教の伝統があることは言うまでもない。そして、さらに、その教学的根拠を探してみるならば、たとえば理趣経の教えなどをあげることができるだろう。空海が伝えたこの経典は、真言宗では非常に重視されている。大日経も金剛頂経も基本的に読経するのには向いていないようだが、金剛頂経の一部であるこの理趣経だけは漢音のため響きが美しく、よく読経に用いられる（大栗、2008）。

理趣経は欲の効用を説く。なかでも、性の悦びをすばらしい安楽の譬えとしていることから、理解の仕方によっては危険な経典になりうるとされる。理趣経の解説書を貸してほしいという最澄からのたっての頼みを、空海が「答叡山澄法師求理趣釈経書」（叡山の澄法師、理趣釈経を求めたるに答うる書）なる書状によって拒んだことは、つとに知られている（「叡山澄法師」は最澄のことではないとする説もある）。

そして、理趣経にある文言を字義どおりに解釈し、実際の性行為などを儀式のなかに取り入れた宗派さえ発生するに至った。左道密教とか淫祠邪教などと呼ばれたりもする立川《たちかわ》流は、その代表である（真鍋、1999）。仏典のほとんどが呉音で読まれるのに対して、理趣経だけが漢音で読まれるのは、一般の者がただ聞いただけでは意味がわかりにくいようにするためであるともいう。真言宗の僧侶でさえ、理趣経法という定められた行を修した者でなければ読経することが許されない。

この経典の終わり近く、一七段には、「百字の偈《げ》」と呼ばれる理趣経全体のエッセンスのような箇所がある。その最後の四句は、「大欲得清浄《たいよくとくせいせい》　大安楽富饒《たいあんらくふうじょう》　三界得自在《さんかいとくしさい》　能作《のうさ》堅固《けんこ》利《り》」（大欲は清浄なることを得て、大安楽にして富饒なり。三界に自在を得て、よく堅固の利を作《な》す）となっている。大きな欲が清浄とわかれば、おおいに安楽して富み栄え、何でも思うままになり、確実に利益をもたらす、という意味である。

人間は小さな我欲を去り、大きな欲を生きなければならない。理趣経はその必要性とプロセスを説く。和尚は言う。「人間には欲があるけどね、宇宙にも欲があるでしょ。人間はその現れ。欲はありがたいものを生み出すもと。人間は、それで、誰もがすごい力をもらってるの。宇宙と同じものが自分のなかにあるわけだから。そういうことにユングも気づいていたと思います」。

そして、こう付け加える。「小さな欲ではなく、大きな欲をもつこと。小さな悩みは、この因果や因縁のなかにいるからのことで、とっても不自由。でも、それが大きな悩みのもとにもなります。大きな悩みならよい。そうなったら自由にやれます」。和尚の深夜の内護摩は命懸けの利他行になっており、大欲にもとづく行であると言ってよいだろう。そこでいくらでも拝むことが自由でうれしいのだという。

宇宙が持っている大きな欲。このことに関連して思い出されるのが、和尚の次のような言葉である。「自我ではない親分のようなのがこのなかにあるの」。我を去る、自我を抑えるといっても、自我が形成される前の子どもの状態に戻るのとはちがいますよね、と問う私に対して、和尚は自分のお腹をさわりながらそう答えた。自分のなかにもっと上位の大きな存在があるというのである。

小さい欲から離れるのは、子どもの未分化な無我に退行することではない。和尚が観想のなかで、光り輝く満月と息を交換したり、甘露の水によって洗われに洗われたりして、自身がどんどん透明になって広がっていくことはすでに述べたが、そのとき、「自分が透明になって、そこに世界が映り込んでくると、空っぽになる。すると、まったくの別人がそれを見ているような感じになるんです。それが、我がなくなって現れ出た親分」。

和尚の説明によると、「親分」はじっとこちらを見ている。畏怖すべき絶対的な存在なのだが、監視しているわけではなく、むしろ慈愛に満ちた見守り手でもある。見られている側の我は相対化され、大我の大欲を実現していくためのエージェントになるのだ。「もうひとりの自分がいて、そちらが親分で。そっちがこちらを見てる。いつもそう思って、自分で自分にもう少し頑張れと言ってます」。和尚はそう語った。

和尚の生と教え。そして、その土台である弘法大師空海と真言密教。記しておくべきことはまだまだたくさんあるのだが、なにぶん膨大で、私には実見できない部分も多いので、今はこれくらいにしておこう。次の第五章では、そろそろ、ユングの体系を概観しておく必要がある。第六章以降においては、和尚の法力の具体的エピソードに的を絞って紹介し、その本質についてユング心理学の観点から考えていくことになるのだから。

ユング心理学にも大きな広がりがあり、短くまとめるのは容易でない。そこで、中途半端に全体を撫でるより、本書の目的をはたすために不可欠と思われる部分に焦点を当てて説明することとしたい。密教の考え方と深層心理学の見方とのあいだには、もちろん異なるところや相容れないところがあるが、少なからぬ接点もあるように思われる。本書では、後者に注目していきたい。

具体的には、ユング心理学の諸概念のなかでも、本章の各節、つまり「生生生生暗生始 死死死死冥死終」「無我の大我」「真言の果はことごとく因果を離れたり」「重重帝網なるを即身と名づく」「心体自如にして身心を見ず」「大欲得清浄」の内容に照応しそうなことがらを中心に、できるだけ相互に関連づけながら解説してみる。体系的な説明とは少しちがうので、必要が生じたらあとの諸章で補足する。

第五章　ユング心理学に照らして――布置と共時的現象

集合的無意識とともにある生

　では、ユング心理学の概説をはじめよう。心理学にもいろいろあるが、ユング心理学（分析心理学）は深層心理学と呼ばれる部類に入る。この場合の「深層」とは無意識を指す。つまり、深層心理学は、無意識というものの存在を仮定し、その立場から心の構造と働き、心の成長や変容のプロセス、あるいは心の病気の原因と治療を考える学問である。一般的に言えば、心理学と呼ばれるものは意識の領域しか扱わない。その点で、深層心理学は特異な観点を有していることになる。

「無意識」と聞くと、暗い欲望にまみれた否定的なものと考える人が多いかもしれない。ほんとうに残念なことに、そういう誤解が広く行きわたっている。なるほど、無意識には目を背けたくなるところもあるにはあるが、全体からすればごく一部のことにすぎない。無意識が汚く感じられるとしたら、たいていは、意識（ないし、その機能的中心である自我）のほうに染みついた、

図7　対談中のユング（左側）　Jaffé, 1977より。

ものの見方の狭量さのせいである。

　ユング心理学は、深層心理学諸派のなかでも、無意識に備わっている創造性や宗教性を重視するのが特徴である。そこには超越的な力さえ存在すると考えている。無意識は層構造を成しているのだが、なかでもこのような肯定的な働きを担っているのは、ユングが発見した集合的無意識と呼ばれる層である。何はともあれ、ユング心理学ならではの重要な概念の一つである集合的無意識について説明しておこう。

　はじめに心の構造の見取り図を押さえておくと理解しやすくなる。私たちは意識≒心という勘ちがいをしがちだが、心全体のなかで意識が占めている領域はほんのわずかにすぎない。まさに氷山の一角である。心というその氷塊の、水面下にあって見えない巨大な部分が、無意識

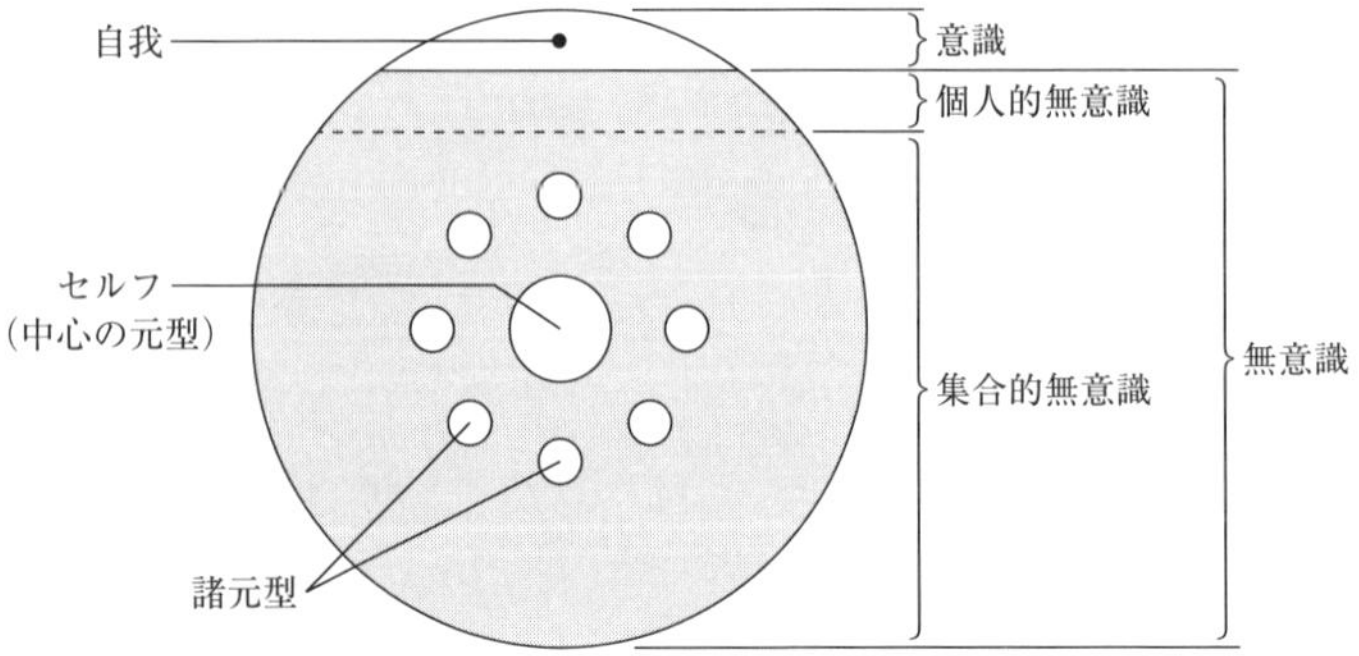

図８　心の構造

に相当する。無意識は、先ほども述べたように、層構造を成している。主要な層は二つある。個人的無意識と集合的無意識である。

個人的無意識は、その人が生まれてこの方、経験してきたあれこれの個人的なことがらのうち、忘れてしまったこと、はじめから印象の薄かったこと、意識から抑圧排除されたこと、などからできている。したがって、個人的無意識の内容は人それぞれでちがう。「意識から抑圧排除されたこと」には、嫌だった経験や否認したい感情などが含まれる。無意識が否定的なものという誤解のもとは、おおかた、ここのところだろう。

一方、もう一つの層である集合的無意識は、もっぱら非個人的、超個人的なことがらでできている。時代や場所を問わず、また人種や文化を問わず、万人がはじめから共通に持って生まれてくる内容から成る無意識層である。そうした特性ゆえに「集合的」と呼ばれている。その内容については次節以降に詳しく述べる。集合的無意識には人によるちがいがないが、そこから生み出される意識や個人的無意識は人それぞれで異なっている。

私たちの意識（および個人的無意識）と集合的無意識の関係は、竹藪と竹の根のそれに譬えることもできる。竹藪の竹は、地上では一本一本独立しているように見えるが、ほんとうはそうではない。地下では相互につながっており、竹藪全体が同じ根を共有している。集合的無意識にも、「私の集合的無意識」とか「あなたの集合的無意識」などという区別はない（Jung, 1997）。個別性を欠いている。そこにあるのは一つの集合的無意識。「人によるちがいがない」と述べた所以である。

人類の心の長い歴史のなかで、意識や個人的無意識など個と関係する層は、つい最近になって出現したばかりである。それらの母胎となる集合的無意識は、発生学的な観点から見れば、意識や個人的無意識よりも桁外れに古い。人類の有史以前の記憶にまでつながっている。したがって、途方もなく大きい。先ほどは、意識が氷山の一角なら集合的無意識は水面下の大部分に相当すると述べたが、個人的無意識は前者と後者のあいだに挟まった薄皮のようなものである。そこにはたかだか人生何十年かの経験しかない。したがって、意識≒心でも、個人的無意識≒心でもなく、集合的無意識≒心である。

意識の黎明《れいめい》以前、人類を自然の猛威から守り、本能的な知恵を授けて、この世界で生き延びることを可能ならしめたのは、ほかならぬ集合的無意識である。意識の光が輝きはじめてからも、集合的無意識は、場所や時代に影響されることのない真理のひらめきの源泉となり、さまざまな学芸や宗教の土台を提供してきた。それらは、古来変わることのない心から生み出されたがゆえに、無数の人々の琴線《きんせん》にふれるわけである。

諸元型と無意識由来のイメージ

集合的無意識の内容はどのようなものなのか。ユングはそれを元型と呼ぶ（Jung, Franz, Henderson, Jacobi, Jaffé, 1964, Jung, 1968）。元型には多くの種類がある。代表的なものとしてよくあげられるのは一〇種類前後だろうか。一部だが名前だけでもあげるとすれば、シャドウ、アニマ、アニムス、プエル、セネックスなどである。それら諸元型は、私たちのさまざまな心の動き方や体験の仕方の範型《パターン》であると言ってよい。私たちの心は、基本的に、そのような種々の典型的なパターンに従って世界を認識したり周囲に働きかけたりする。

ユングが集合的無意識と元型の存在を見出したのは、長く入院しているひとりの精神病患者の妄想を通してだった（Jung, 1971/1987）。その妄想はそれまで誰にも理解できなかったのだが、ある日、ユングは、それとそっくりの内容が古代ミトラ教の祈禱書に記されていることに気がついた。その祈禱書は少し前に発見され出版されたばかりだったので、患者があらかじめ知っていたはずはない。心の深層に、時代や場所に関係なく活動しているもの、時空を超えたものがあることが明らかになった。

集合的無意識や諸元型はあちこちに姿を見せている。ミトラ教の祈禱書のみならず、古くからのさまざまな信仰や宗教儀礼などは、その現れの宝庫である。宗派はちがっても、類似した宗教的観念を含んでいることは珍しくない。もちろん、神話もその一翼を担う。神話は為政者によって都合よく書き換えられることも多いが、集合的無意識は、その種の恣意的な賢《さか》しらの視野にはかならずしも入らない物語の深奥に生きながらえている。

また、神話の亜型とも言えるおとぎ話、民話、昔話、伝説にも集合的無意識や元型の現れをふんだんに見出すことができるし、民俗的な風習や儀礼にも、時代や場所の隔たりを超えた諸々の心的範型の活動を目の当たりにすることができる。世界各地のそういった伝承をつぶさに調べてみれば、人間の心がいつでもどこでも類似した動きを見せてきたことに納得がいくだろう。

もちろん、離れた地域に伝わっている神話が似ているというだけでは、集合的無意識から異時多発的に生み出されたものとは断定しにくい。たとえば、オルペウスが亡き妻エウリュディケを連れ戻しに冥界に行って失敗するギリシア神話の物語は、日本神話における伊弉諾《いざなぎ》の黄泉国《よみのくに》訪問譚とよく似ており、前者がわが国に伝播してきて後者になったという説がある。それも一理あるが、しかし、異国の物語が伝わってきただけでは土着化しないと柳田國男は指摘している。受け入れられるには、もともとその地に類似の物語があったのでなければならない（柳田、1933）。

これらの範型は、誰もが持って生まれてくるものであり、私たちのものごとの経験の仕方を最も深いところで規定している。私たちは諸元型に縛られているとも言えるが、それらは私たちの生や世界の存在の根拠を与えるのであり、さまざまなものごとに秘められている本質的な意味を明らかにする。私たちは、しかと意識してはおらずとも、そのときそのときに元型が指し示す方向性を生の拠りどころにしている。

無数にある元型には休眠しているものが多いが、状況に応じていくつかが活性化されている。たとえば、思春期にはプエルという元型、老年期にはセネックスと呼ばれる元型がおのずから活動的になり、その年代特有の性格傾向を醸し出す。プエルは、飛翔しては墜落するイカロスのごとく、自由と解放を渇望し、人を向こう見ずな行動に走らせる。セネックスはサトゥルヌス（クロノス）神のように鈍重で頑固、冷たく沈鬱な態度をとらせる。

元型は結晶軸のごときものなので、直接的に知覚することはできない。私たちが知覚しうるのは、その軸に親和性がある諸表象がくっついてできた元型的イメージである。興味深いことに、どのような表象がその結晶軸に親和性があるか、浅薄な意識にはほとんどわかっていない。だから、意識の立場からすると、そのときに活性化されている元型にまつわる無意識由来のイメージを捉えれば、まったく思いもよらないアイディアや方向性を得られることになる。

元型的イメージを捉えやすいのは、何といっても夢においてである。さまざまな生の苦悩を抱えた人たちが、ユング派の心理分析や心理療法を受けるなかでなにがしかの解決を見出し、新たな道に踏み出していくが、その際、夢がおおいに役に立つ。私たち、ユング派の分析家が夢分析を多用するのは、そこに現れる元型的イメージが意識には想像もつかない問題の在処《ありか》を教えてくれたり、解決策を提案してくれたりするからである。

夢は無意識からやってくる。個人的無意識に由来する夢もあるが、集合的無意識に由来する夢も多い。だから、元型的イメージを豊富に含んでいる。ただし、深い層から浮かび上がってくる夢でも、いちばん表層にある意識に届くまでに、中間に挟まっている個人的無意識の層を通過してくるため、たいていは個人的無意識内の諸要素によってコーティングされている。中核部分にある元型的な内容を見逃さないことがたいせつである。

そもそも、無意識は意識の盲点の寄せ集めと言ってもよい。夢は無意識に由来するがゆえに、意識の盲点を補ってくれる。活動中の元型がそのための知恵をタイムリーに提供する。私たちの心の問題は、意識の盲点や偏りから発生していることが多いので、夢の内容を分析すると薬として働く。夜の夢以外に、白昼夢や空想も同じ作用を示す。私たちは昼間、無意識の活動にあまり気づかないが、注意を向けてみれば、さまざまなイメージが泡沫《うたかた》のごとく現れては消えていくことがわかるだろう。無意識はつねに傍らにある。

ユング派の代表的な技法は夢分析だが、無意識由来のイメージが現れてきそうなものなら何でも扱う。たとえば、描画、箱庭、コラージュ、詩歌、音楽、写真、粘土、演劇のほか、アクティヴ・イマジネーションと呼ばれる想像の物語（老松，2000, 2004a, 2004b, 2004c, 2011, 2016a, 2019）、あるいはそのダンス版であるオーセンティック・ムーヴメント（Adler, 1995）などである。私は瞑想的な技法や武術由来のソマティックな技法（心と身体のつながりを重視する技法）を織りまぜて使うこともある。

心の個体発生と系統発生

人類と集合的無意識という話から本章を説き起こしたが、しだいに個人における集合的無意識の話に移ったので、少しわかりにくかったかもしれない。この話の展開の背景には、夢に元型的なイメージがよく現れるという単純な臨床的事実があるわけだが、もっと詳しく言えば、そこには人類の集合的な心とひとりの人間の個人的な心との照応に関するユング心理学ならではの見解が含まれている。

前々節で、ちらりと「発生学的な観点から見れば」と述べたことを思い出してほしい。じつは、心もまた、E・ヘッケルの有名な発生学の法則――個体発生は系統発生を繰り返す――に従っている。胎児は子宮内で魚の姿から徐々に人間の姿になり、それから生まれ出る。つまり、個々の人間が、魚類から両生類や爬虫類を経て系統的に進化してきた人類の発生の歴史を再現しながら誕生に至るわけだが、同じことが心に関しても起きている、とユング心理学では考える（Neumann, 1971）。

和尚はこんなことを言っていた。「人間は、今のところまで進化してくる前に、魚だったり犬だったり猿だったりした時代がありました。そういう時代の生活の記憶が細胞の一つひとつに伝わってるかもしれません」。まさに、わが意を得たり。ユング心理学的にさらに踏み込んで述べるとしたら、個々の経験として刻み込まれた記憶が伝わるというより、情報処理の仕方や心の機能の現れ方を規定する鋳型のようなものが伝わっていると考えたい。

魚だった時代の意識はいまだ意識の体をなしていなかっただろうし、犬だった時代の経験の内容も定かでないが、人類が断続的にでも薄明の意識を持つようになってからあとの典型的な心の経験のことなら、だいたい推測することができる。なぜなら、成長の途上にある意識の立場から見た巨大な集合的無意識の姿、あるいは集合的無意識との関係性の変遷が、世界中で神話として伝承されているからである。

各地の民族や部族が多様な神話を語っているが、それらに頻出する似通ったモチーフを抽出し、未分化な内容のものから分化した内容のものへと順に並べてみると、人類の意識の起源とその発展のプロセスが明らかになる。一連のプロセスを神話学的な類型で言い表すとすれば、はじめに創造神話が来る。ついで英雄神話、それから変容神話へと発展する（Neumann, 1971）。すなわち、まずは混沌とした世界と最初の神々や人間、つまり未分化な心の諸構造と意識が発生する（創造神話）。そこから成長していく意識は、英雄として自身の領土を野性的な無意識の原野から峻別し、王国を確立するに至る（英雄神話）。意識がさらに成熟すると、王城に君臨してきたいわゆる唯我独尊的なあり方から脱してみずからの立場を相対化するとともに、それまではあえて距離をとってきた無意識の超越的側面との関係を結び直し、あらためて合一していく（変容神話）。

この三つの段階を経て、人類の心は再び一つの全体として機能しはじめる。それは、最初の創造神話の段階に見られる混沌とした未分化な全体性ではなく、意識と無意識がいったん明確に分化したのちに再び合一することで実現される高次の全体性である。前者をプレパーソナルな全体性、後者をトランスパーソナルな全体性とも呼ぶ。重要なのは、こうしたプロセスが、人類の集合的な意識の発生のみならず、ひとりの人間の個人的な心の誕生と成長をめぐっても経験されるという点である。

私たちに身近な創造神話の例をあげよう。古事記によると、わが国は、伊弉諾、伊弉冉《いざなみ》によって創られた。二神が天浮橋《あめのうきはし》に立って、大海を天沼矛《あめのぬぼこ》で掻き混ぜたところ、その先端から落ちた滴《しずく》が凝り固まって自凝島《おのころじま》となった。国土の起点となった最初の小島である（淡路島に比定される）。

それから、二神は本格的に国生みをはじめたが、はじめはうまくいかず、蛭子《ひるこ》、淡島《あわしま》というふにゃふにゃの失敗作ができたので、海の彼方にそのまま流すことにした。以降の国生みは成功し、大八洲国《おおやしま》、つまりわが国の国土があらかた現れた。

無意識という大海に、意識という小島がプカッと浮かび上がる。忽然《こつぜん》と現れ出たこの新たな領域は、いまだはかなく、すぐにまた波に呑み込まれたり流されたりして、あっけなく消えてしまう。しかし、何度かそれを繰り返すうち、少しずつ恒常性のある陸地になっていく。どうだろう。ここに、人類の意識の発生のみならず、ひとりの人間の心のはじまりの光景、いかにも頼りない新生児の意識のありようを見て取ることはたやすかろう。

生後間もない赤ちゃんは、一日の大半を眠って過ごしつつ、ほんのいっとき目覚めて、いまだ昏《くら》いながらも意識を宿している時間がある。しかし、すぐにまた深い眠りに落ちていく。太古の昔、人類の祖《おや》が、いまだ持続性の乏しい意識を獲得しはじめたときと同じである。生まれたての個人も、太古の昔の人類も、その小島から意識を成長させていく。それが創造神話として体験される。そして、ここでは細部に立ち入らないが、英雄神話へ、さらには変容神話へとつながっていく。

系統発生を繰り返す個体発生。集合的無意識という闇から、昏い意識をもってはじまる私たちの生。長じるにしたがって意識は自立的になり、広さと明るさを増す。しかし、のちには相対化され、変容する。三段階の図式に示されているのは、私たちの体現すべきおのずからの生の進路をガイドしようとする無意識の力である。意識の側が真摯に向き合うなら、それはこのうえなく頼りになる。だからこそ、ユングは、自伝の冒頭で「私の一生は無意識の自己実現の物語である」と述べたのである（Jung, 1971/1987）。

もっとも、ユング派で繁用されるこの見取り図は、心の一生をいささか単純化しすぎているきらいもある。それぞれの段階は、実際には非常に繊細で複雑なディテールから成っており、創造神話の段階や英雄神話の段階で次々に降りかかる生の課題をクリアするのはけっして容易ではない。国生みが一度は失敗することからもそれはわかるだろう。ましてや、変容神話の段階まで成就できる個人はきわめて少ない。

無意識による指針に対して生涯変わらぬ信頼を寄せながら、適切な批判力をもって対峙し続けていけたらよいのだが、それこそが私たちのできないことである。ついつい自然の導きに逆らおうとしてしまう。そうした理由ゆえに、そしてまた無意識がもともとあまりにも巨大であるがゆえに、そこに蔵されている膨大な内容のなかで私たちが生の知恵として意識化しうる部分はごくわずかにすぎない。まさに、「生生生生暗生始　死死死死冥死終」である。

自我とセルフの関係

数ある元型のなかで最も重要なのはセルフである（「自己」と訳してもよいのだが、「自己」という語はあまりにもたくさんの意味合いで使われている。ここでは、曖昧さを避け、ユング心理学で言うそれのみを指すために「セルフ」としておく）。というのも、セルフは諸元型の活動を統轄しているからである。あるいは、諸元型を、セルフに備わっているさまざまな側面と見なすこともできる（Jung, 1951a.）。

セルフは集合的無意識の機能的中心と考えてよい。これに対比させて言うならば、意識という限られた領域の機能的中心が自我である。前にも述べたように、意識や個人的無意識は集合的無意識に比べればちっぽけなので、セルフは心全体の中心と見なすこともできる。「元型のなかの元型」とか「中心の元型」などと呼ばれるのもゆえなしとしない。セルフは心が進むべき方向に進むための中心的役割を担う。

本章のはじめに、無意識は超越的な力を持つと述べたが、それは諸元型、とりわけセルフに備わった特性である。現実の軛《くびき》に縛られている自我（ないし意識）と時空の埒外にある諸元型との関係は、人間と神仏とのそれに似ている。古来、無数の宗教や宗派が興亡を繰り返してきたが、そのほとんどは諸元型ないしセルフの顕現にまつわる自我の側の経験にもとづくと考えられる。

セルフは、私の中心でありながら、自我としての私とはまったく異なる。しかも、元型であるがゆえに本質的に不可知である。小なる存在に大なる存在は理解できない。私はほんとうの私を知らないことになる。それは絶対的な他者である。和尚の表現を借りて言うなら、セルフは、我がなくなると自分のなかに現れ出てくる「まったくの別人」にして、上位の存在である「親分のようなもの」となるだろう。

ただし、セルフを和尚のように経験するには、よほどの修行を積んでいなければならない。相手が絶対的な他者であるだけに、底知れぬ恐怖を呼び起こされることも稀ならずある。私たちが、臨床の場で、たとえば夢や描画を通して自分の内界を探索しようと目を凝らすと、すでに向こうからこちらをじっと見つめている圧倒的な眼差しがあることにふと気づく。ときにそれは注察妄想という症状になり、すべてを見透《みす》かされているようにも感じられる。

では、セルフが導いていこうとする方向性とはいかなるものか。これは和尚の言う「大きな欲」に相当するかもしれない。心の機能的中心としてのセルフが担う重要な役割は、一方では、意識ないし自我の進化、成長、拡大を促すこと。そして、他方では、そのような自我の地位を相対化させて、セルフとの合一を促し、心の全体性を成就することである。つまり、柔軟で透徹した意識を育て、セルフ自身をこの世に当たり前に在らしめるのだ。

それこそが和尚のなしていることである。しかしながら、ごく一般的に言えば、いかに「親分」といえども、その実現は容易でない。なぜなら、意識のほうが、非常に独善的なお山の大将になりがちだからである。現実世界に対処するためのエージェントとして集合的無意識から、つまりセルフから生み出された、という出自そのものをすっかり忘れている。セルフからすれば、庇《ひさし》を貸して母屋《おもや》をとられたようなものである。

最前も述べたように、当初の未分化な混沌としての全体性から意識が分離独立して確固たるものになったら、今度は、分化した意識と無意識の諸要素とを再び合一させて高次の全体性を実現させなければならない。この一連のプロセスを個性化と呼ぶ。個の確立を目的としているからである。邪魔が入らなければ、心はおのずからこの道をたどるはずなのだが、分化後に再合一へと向かう展開が妨げられることがしばしばあり、そうなるとさまざまな心身の問題が発生してくる。

「個」(individual)とは、それ以上分割しえない(in-divide)ものを意味する(Jung, 1951a)。必要な構成要素がワンセット揃っていてこそ「個」である。意識と無意識という二つの要素に分割されたままであれば、どちらもかけらでしかない。両者が再合一して一つの全体として機能するようになることが、「個」の実現にほかならない。その意味で、個には全体性がある。心身の問題の発生は、個の実現を目指す生得的なプロセスが妨げられていることへの警報である。

この点をめぐって、ユングは「神々は病気に姿を変えた」と述べている(Jung, Wilhelm, 1929, Jung, 1997)。近代以降、自我ないし意識が傲慢になり、無意識のことを忘れ、その価値を認めなくなった。そこで、諸元型は心身の病気というかたちで顕現し、意識の注意を引きつけて態度の変容を迫りはじめたというのである。背景にセルフによる諸元型の差配があることは言うまでもない。

セルフの目論見は、流れを心の全体性の実現へと反転させることにある。私たちに苦悩や心身の不調が発生するのは、つまるところ、全体性の実現を促すための高度な計らいと考えてよい。個性化のプロセスの本質は、自我とセルフの建設的な関係性の構築にある。意識を代表する自我、無意識を代表するセルフ。この両者が、たがいへの信頼や敬意を充分に抱きながら、和解と合一が可能な一線を見出すことが求められる。

自我は思い上がりを捨てて、セルフに玉座を譲らなければならない。これは、「我を離れる」ことであるとともに、「入我我入」にも通じる。和尚が「懸命に拝んで、我をなくして無になれば、おのずから仏が入ってきます」と述べる真意は、このあたりにあるのかもしれない。ただし、自我の側はいたずらに自律性を放棄すればよいわけではない。それでは、セルフや集合的無意識にただ呑み込まれるに等しくなってしまう。

事実、修行の途上にある密教僧や修験者が精神的な不調に陥り、治療を求めて臨床家のもとにやってくることもある。まっとうな指導者は、治療が終わらなければ修行を先には進めさせない。「我を離れる」ことと自我が呑み込まれることのちがいは、ある意味、武術における「脱力」にも似ている。初心者は、脱力せよと言われると、全身がグニャグニャになりがちだが、そうでは

図９　ユングのアナリザンドが描いたマンダラ　Jung, 1950a より。

なく、軸はしっかりと保っておかなければならない。

個性化のプロセスでも軸を保つことが欠かせない。自我の側には、しっかりと自身の立場を主張しながらセルフとの折衝（Auseinandersetzung）を行なう姿勢が求められる（Hannah, 1981, Jung, 1997、老松、2004a）。さればこその合一である。ユング派の心理分析や心理療法では、無意識との緻密な折衝を行なう手段として夢分析やアクティヴ・イマジネーションと呼ばれる技法を使う。

なお、折衝のなかで合一に達する直前、それまでの自我のあり方が揺らぎ、無意識に呑み込まれそうになるが、ユングは、そのときおのずから経験されることがある円や四角形を基調とした対称的な幾何学イメージを、東洋の曼荼羅になぞらえてマンダラ（mandala）と呼ぶ。重大な危機に瀕した自我の面前に、最終的な秩序としての全体性の象徴が現れ出るわけである（Jung, Wilhelm, 1929, Jung, 1950a）。

ここで首尾よくセルフとの合一が実現すれば、まさしく、大日如来を中心に諸仏が集まって構成される大宇宙の見取り図、曼荼羅に照応する状況になる。「世界中に散らばっている無数の鏡がたがいに映し合って」帝網という大いなるネットワークが姿を現した状態にも近いのかもしれない。セルフは時空を超越する力なので、臨床の場でも「達悟に及び已んぬれば去来今なし」を思わせる体験が開けることさえある。

なお、ユングの場合は、あくまでも夢やイマジネーションで「おのずから経験される」マンダラに価値を置くが、ユング派周辺には、マンダラ的な幾何学構造に沿って描画を指示するなどして心のプロセスの進展を促す臨床技法もある。森谷寛之の九分割統合絵画法（森谷、1989）、黒木賢一のマンダラ・アートセラピー（黒木、2017）などが代表的である。密教の行ではあらかじめ経典に定められている曼荼羅の観想が重視されるから、私たちもこれらの臨床技法にいっそうの注目をすべきかもしれない。

無意識による内外の布置

折衝とは、夢やイマジネーションに無意識からおのずと浮かび上がってきたイメージを意識が捉え、そこに含まれるメッセージを解釈し、どういう条件ならどこまで応じられるかを伝え返す作業である。その繰り返しのなかで、無意識との折衝がなされる。夢は言うまでもなく睡眠中に見るものだが、アクティヴ・イマジネーションは覚醒中の清明な意識状態で行なう観想的、瞑想的な活動である（Jung, 1916、Johnson, 1986、老松、2004a）。

夢分析では、無意識との折衝を事後的かつ間接的に行なう。つまり、覚醒してから夢のメッセージの意識化を試み、その内容に対して内省して、できる範囲で現実の考え方や行動パターンを改める。一方、アクティヴ・イマジネーションでは、リアルタイムかつ直接的に折衝する。想像の世界で見たり聞いたりしたことに対して、その場（想像の世界）で即座に最適と考えた応答を返すのである。

ユング派の技法の説明は本書の目的ではないので詳細は省くが、こうした意識からの応答に、無意識は次なる夢や想像の展開というかたちで返事をしてくるから、意識がまたそれを捉えて応答する。このキャッチボールが折衝にほかならない。意識と無意識とがおのおのの立場や主張を摺り合わせていくわけである。継続的な折衝は一つの物語の体《てい》をなし、神話に似てくる。集合的無意識ないし諸元型が神話的な内容を有しているからである。個性化は個人による自分自身の神話の発見と言い換えることもできる。

ところで、さきほど、「無意識は次なる夢または想像の展開というかたちで返事をしてくる」

と述べたが、無意識からの返事には、じつはもう一つ別のかたちがある。それを「布置」と呼ぶ。私たちは、決定的な瞬間に、それまで見えていなかった布置にふと気がつくことがある。心のなか（内界）のできごとと現実（外界）のできごとが全体として一つのまとまった意味を織りなしていることを突然に見出すのだ。

和尚の場合、その例は枚挙に暇《いとま》がない。すでに記したように、入山まもない頃、和尚が仏像がほしいと願っていたら、資金の援助と仏師の紹介を申し出る人が現れ、まもなく由緒ある社の神木が嵐で倒れたのを篤信の人が知り寄付してくれた。この一連のできごとだけでも充分だろう。できすぎとすら感じられるまとまりがある。和尚の寺の不動明王像はそのようにして立ち現れ、一度も赤信号に妨げられることなくやってきたのだった。

発見される「一つのまとまった意味」というのは、無意識がもたらす救いや癒しのための神話的モチーフであることが多い。心理分析や心理療法のプロセスの促進要因として布置は非常に重要で、心の成長や変容に不可欠の役割を担う。ただし、「布置」はかならずしも専門的な言葉ではない。英語では constellation（コンステレーション）という。con- は「ともに」を表す接頭語、stella はラテン語で「星」の謂《い》いで、星々が集まってかたちをなすこと、すなわち一般的には星座を意味する。

たとえば、北天で北極星の近くに輝くカシオペア座は、Wのかたちに見える五つの星が主要部分を構成している。人々はそこに昔から、ギリシア神話に登場する王妃カシオペアが椅子に縛りつけられて天に上げられた姿を見てきた。それらの星々は同一の平面上にあるかのように見えるが、実際には地球からの距離も方向もバラバラである。たがいに独立に存在しているのに、私たちには、それらが寄り集まって一つの意味あるかたちをなしているのを感じる。このような現象を布置と呼ぶ。

しかし、それらの星々がカシオペア座に見えるのは、あくまでも今現在の地球からその方角の夜空を見た場合に限っての話である。どこか別の銀河の惑星の上に立って眺めたら、およそカシオペアの姿には見えないだろう。また、たとえ地球上からであっても、何億年もの遠い過去、あるいは何億年ものはるかな未来には、同じ方角を見上げてもカシオペア座は見つからないかもしれない。

心理分析や個性化のプロセスでも、これと似たことが起きる。つまり、そこに布置があることにはたと気づく。現実的に考えれば、たがいに(因果)関係がないはずの大小さまざまなできごとが、全体として一つの意味やメッセージを持ってまとまっていることが感じられたり、ある神話やおとぎ話の元型的な筋書きをたどるかのように起きていることがわかったりするのである。ただし、ある人がある立ち位置からすべての状況を眺めたときにのみ、それは発見される。

臨床の例をあげよう。自慢の娘が不登校になった母親が夢分析に通っていた。母親は賢明な人で、何年も回復のための努力や工夫を精力的に重ねてきた。しかし、何一つ奏功しない。万策尽きて困っていた頃、母親がたまたまひとりの青年の運転する車に追突され、仕事を休んで自宅療養せざるをえなくなった。母親は不自由な体で、家にいる娘の面倒をみ、娘もしばらく親の療養の世話を続けた。そのうち、ふたりは、朝連れ立って家を出るようになっていった。布置は、たとえばこういう展開のなかに見出される。

いくつかのできごとを全体として捉えてみると、あらかじめ鏤《ちりば》められていたバラバラの伏線がしだいに一つのドラマにまとまっていったように見える。すべてが辻褄の合った筋立てになっている……。葛藤を抱えている人は、プロセスのなかで突然、そのようにして意味に開かれる。のちに振り返ってみても、ものごとのタイミングが少しでもずれていたら、まったくちがう状況になっていただろうと感じられる。では、このとき見出された布置とはいかなるものだったか。

布置（＝星座）は神話と密接に結びついている。夜空には実際にたくさんの星座があるが、カシオペア座は言うにおよばず、周辺のアンドロメダ座、ケフェウス座、ペルセウス座、ペガサス座、鯨座など、どれをとっても神話である。夜空は神話に登場するキャラクターで満杯で、ほんとうに立錐の余地もない。夜空は大昔から、人々が集合的無意識由来のイメージを投影するスクリーンだった。

ギリシア神話によれば、エチオピアの王ケフェウスの后であるカシオペアは傲慢で、それが海の神の怒りを買う。そのため、娘のアンドロメダを怪物鯨の生け贄《にえ》として捧げなければならなくなった。そこを偶然に通りかかってこの怪物鯨を退治し、絶体絶命の王女を救出したのが、天馬ペガサスを駆る英雄ペルセウスである。不登校の娘と事故に遭った母親のケースにおいては、そのとき、内界でも外界でも、じつは変容に必要なこの神話が生きられていた。そこに布置がある。

内界のほうはわかりやすい。母親が報告する夢に、この神話の元型的モチーフを髣髴《ほうふつ》とさせる象徴が現れていたのだ。一方、外界に関しては、娘を呑み込もうとする母性の否定的側面（神話では、何でも呑み込む海の怪物で表されている）が、たまたま現れた若い男性像によって退けられ、娘は救い出された。より深層心理学的な表現をするなら、生き残った母性の肯定的側面が、救出される娘として生まれ変わったと言ってもよい。

母親は、ある日、内的に布置されて夢に現れていた神話的モチーフが外界にも布置されていることに突然気づいた。そして、強い畏怖の念に打たれた。自身と娘を取り巻いている諸事象の意味に開かれたのである。その体験があり方の根本的な変容につながった。そこには、母親の母性のあり方の修正を要求する補償的な無意識の働きがあり、そのような変容をもたらすための内的、外的な諸事象が布置されていた。

類心的な元型と共時性

ユング心理学的観点における意味というものの位置づけをわかってもらえただろうか。諸元型の不可思議な働きは、前節で述べたように、さまざまな事象の布置のなかに見て取れるわけだが、ときにその布置は共時的なものとなる。そこでも、やはり意味が重要な役割をはたす。共時的現象には第一章で簡単にふれたが、和尚が好んで引用する「真言の果はことごとく因果を離れたり」とも関係するので、もう少し説明しておこう。

集合的無意識を構成している諸元型は、時間や空間に縛られることがない。そのため、なんらかの理由である元型が動いたとき、私たちは、不思議な「意味深い偶然の一致」を経験することがある。ユングはこれを共時的現象と呼ぶ（Jung, Pauli, 1952、老松、2016b）。説明がつかない符合である。「偶然」とは、ある事象が因果律に従って生起したのではないことを指すから、「説明がつかない」を正確に言えば、「因果律では説明がつかない」となる。

因果律は複数の事象のあいだの連関を明らかにする原理である。それは、一定の方向に一定の速さで流れる時間と均質な空間のなかで、ある原因が引き起こす結果を理論的に予測することを可能ならしめる。つまり、時間と空間の絶対性を前提として、複数の事象のあいだにある連関ないし継起を規定する。因果律で説明できる二つの事象のあいだには、因果関係という連関があると見なされる。

これは一般的な科学の大前提であり、因果関係があるのなら、原因を操作することによって結果をコントロールできることになる。科学のいちばんの有用性がそこにある。一方、因果関係がないのなら、二つの事象になにがしかの一致が見られたとしても、偶然にすぎないことになる。再現しようと思っても不可能だし、私たちの役に立つように便利に使うこともできない。

だが、複数の事象のあいだにある連関の原理は因果律だけなのだろうか。これは難しい問いである。科学的に連関が認められなくとも、私たちは、ただの偶然では片づけられないような符合を経験することが稀ならずある。おじいさんが生まれた日に買ってきた古い時計。ずっと時を刻み続けていたのに、おじいさんが真夜中に亡くなったその瞬間、不意に時を告げ、それきり動かなくなってしまう。もしもそのようなことがあったら、私たちはそこに偶然以上の意味を感じるだろう。

意味深い符合を「ただの偶然」として否定してしまうことには、じつは根拠が乏しい。科学的に連関が証明できないといっても、現行の科学とて世の中のすべての事象を合理的に解き明かせるわけではない。実際のところ、統計学的に因果関係があるとされる二つの事象のあいだにも、一定の幅を持つ平均的な事象継起の様態に合致しない「はずれ値」がほぼかならず存在する。

となれば、因果性とは異なる連関というのも考えられるのではないか。「因果律に則っていないから偶然にすぎない」と価値を貶めるのは、因果律至上主義、科学至上主義の偏見にもとづいている。私たちは、知らず知らずのうちに、便利な因果律に毒されてしまっているのだ。因果的な連関を支える原理が因果律であるなら、非因果的な連関を支える原理もあってよいだろう。

ユングはこの原理を共時律あるいは共時性と呼んだ。共時律は共時的現象の背景にある原理である。因果律と対《つい》をなす。つまり、因果律と対立するとともに、因果律の偏りを補完する。そもそも、共時的現象は、因果律に従う現象のように時間の流れのなかで起きるのではなく、生起の同時性を基本としている。ただし、ただ単に同時であればよいわけでない。すなわち、共時性は、意味のうえでの符合が認められることを要求する、きわめて人間的な原理である。

共時律が成り立つ理由については、とくにこれといった説明ができない。じつは、その点は因果律についても同じである。因果律自体がどうして成り立つのか説明されることはない。なぜなら、ほかならぬ原理だからである。それ以上説明できない理《ことわり》こそが原理と呼ばれる。因果律も共時律も、原理であるからには説明の余地がない。第一章で、ユングがあげている共時的現象の例を紹介した。スカラベの夢を見た女性のケースである。あれを思い出してもらうとよい。ユングは共時的現象について just-so-story（そうであるとしか言いようがない）と述べている（Jung, Pauli, 1952）。

ユングが非科学的なだけだと一笑に付すのはたやすい。しかし、この共時性というユング晩年の概念は、天才的な理論物理学者と共同で研究した成果である。ユングのアナリザンドでもあったこの学者は、名をヴォルフガング・パウリ(Wolfgang Pauli)という(Pauli, Jung, 1992, Jung, 2019)。ノーベル物理学賞の受賞者である。パウリは量子力学の誕生に重要な役割をはたした。一九二五年にハイゼンベルクが行列力学を、一九二六年にシュレディンガーが波動力学を提唱して、量子力学の時代の幕が開いたが、ハイゼンベルクにその基本的なアイディアを与えたのは、ほかでもないパウリだった。

量子力学は超ミクロな世界を扱う。日常的なサイズの物理現象を扱う古典的なニュートン力学は因果律で成り立っているが、量子レベルの世界では因果律が成り立ちにくい。時間や空間に絶対性がなくなるのである。パウリがユングの言う非因果的な連関の原理、つまり共時性に注目したのは当然のことだった。パウリは、共時的な連関が時空連続体(相対化されて一体化し相互に交換可能な時間と空間)のなかで「意味」によって成り立つ、ということをユング以上に強調する(Jung, Pauli, 1952)。

共時的現象は、意味というものを共通の基盤として、心的事象と物理的事象の両方にまたがって生起する。この点についてもやはり合理的な説明はできない。ただ、ユングは「類心的な元型」の働きを指摘している。無意識はふつう、心の一部と考えられているが、そのなかをどこまでも深く降りていくと、しだいに生命体としての生理的機能などが前景に立つようになり、ついには心的とも身体的(物質的)とも言えない領域、すなわち類心的な領域に達するというのである（Jung, 1954c、老松、2019）。

これは、諸元型の深みにある、心的側面と身体的（物質的）側面の両方に広がっている水準と考えてもよい（Franz, 1988）。元型にはもともと二つの極があって、ユングはそれを光のスペクトルの紫外線領域と赤外線領域に譬えている。前者に相当するのは霊的ないしイメージ的な極、後者に相当するのは本能的ないし生理的な極。元型においては、それら対立し合う両極が一つになっている。

心に関すること、身体や物に関すること、諸元型はすべての範囲をカバーする。「類心的な元型」ということの含意はここにある（Jung, 1954c）。言い換えれば、元型は、一方で心の領域に神話的、宗教的なイメージを湧き上がらせ、他方で身体と物質の領域に本能的過程の活性化や自然現象の生命化とでも呼ぶほかはない事態を引き起こす。和尚がしばしば言う「座を起たずしてよく一切の仏事を成ず」という境地は、類心的なリアリティと密接な関係があるものと思われる。

第六章　治病

Vさんの村を訪ねて

　前章では、ユング心理学の基本的事項に関する解説、およびそれらと和尚の行や教えとの重なりを概観した。本章から第八章までは、和尚の法力にまつわる三つのエピソードを紹介し、そのつど、ユング心理学の立場からの短いコメントを付す。そして、最後の第九章において、全体をおさらいしながら、さらに考察を試みる。なお、これから記す三つのエピソードに関しては、第一章の戦闘機のエピソードとは異なり、私自身が調査者として多少とも関わりを持って確認を行なった。

　本章で紹介するのは治病。法力を持つ者はしばしば病気治しを求められる。和尚の場合も例外ではない。「癌の三割は治せない」と和尚は言うが、不治と宣告された悪性腫瘍を治癒せしめたケースだけでも数十を下らないようである。癌以外の病気も含めると、和尚の治病にまつわるエピソードは山ほどある。いわゆる手かざしのような方法だったり、患部近くにそっと手を置く文字どおりの「手当て」だったり、場合によっては「拝む」ことが中心になったりもする。

　ここで取り上げるのは、一〇年ほど前の事例である。当時四〇代の女性で、ここではVさんと呼んでおこう。悪性腫瘍できわめて危うい病状だったが、現代医学と和尚の法力のおかげで快方に向かい、すっかり元気を取り戻した。仕事にも嘱託のようなかたちで復帰している。和尚によると、Vさんは寺の毎月の例祭にも遠方から参加しており、人知れず訪れては境内の掃除などをして帰ることもあるそうである。

　和尚から連絡先を教えてもらい、まずはVさんに電話。インタビューのお願いをすると、快諾してもらえた。相談の結果、インタビューはVさん宅で行なうことになった。「病気や人間のことなら、環境といっしょに見てもらうのがよいでしょう」と招いてくれたからである。録音や撮影などを手伝ってもらう助手をひとり連れていくことも伝えた。家への道がわかりにくいからということで、近くに待ち合わせ場所を指定してもらった。

　インタビューに行ったのは一一月初旬で、陽光はあるものの、少し風の強い日だった。とあるインターチェンジで高速道路を降りてからしばらく走ると、待ち合わせの神社があった。こちらが先に着いたようなので、とりあえずお詣りをする。こぢんまりとしていて、神職は常駐していないようだが、手入れの行き届いた、すがすがしい社殿である。建て替えられてから長くは経っていない感じがする。拝殿内の白木の材が美しい。

図10　待ち合わせた神社

参拝をすませて車内で待っていた。ふと気がつくと、もう傍らにVさんが立っている。まったく気がつかなかったので、ちょっとびっくりした。飾らない、自然な感じの人である。初対面の挨拶をすます。「いいお社ですね」と話しかけると、二〇年近く前に不慮の事故で亡くなったVさんの父親が建てたものだとのこと。このあたりの材で作ってあり、一部、所有する山に植わっていた木も混じっているらしい。

村のなかを案内してくれるというVさんの言葉に甘えて、そのままついていく。病後ずっと散歩していたルートで、三〇分くらいの道のり。「何もないけど気持ちのいいところ」というVさんの言葉どおり、懐かしさを憶える風景が広がっている。いっしょに歩いていると、あちこちにVさんの畑があることがわかる。それぞれにさまざまな野菜や果物が実っている。

Vさんは病気をしてから畑仕事が好きになり、そのことをありがたいと思うようになった。勤務の時間は短めにして、無農薬での野菜栽培にいそしんでいるそうである。「何でもあります。揃ってますよ」とVさん。先ほど「何もない」と聞いたばかりだからこそ、今度の言葉には、足るを知って生きるVさんの謙虚さとこの村の万象の有機的な相互関係への意識とが窺えた。

散歩道沿いの一軒の家の前で、Vさんはしばし足をとめる。立派な屋敷である。その石垣のところを指して、Vさんは言う。「ここに石のお地蔵さんが埋まっていたんですよ。祖父がお地蔵さんのころがっている夢を見たので、翌日に祖父と父が掘り起こしてみたら、ほんとうにそのとおりでした。それで、この道の先の小さなお堂に祀ってます」。さっそく、そこにも案内してもらった。

Vさんが開扉し、蠟燭に火を灯して見せてくれる。きれいな顔立ちの地蔵尊である。合掌。「村の人たちが集まって、ここで地蔵盆をしますしね。みんなが手を合わせて通ってくれるのでよかったなと思ってるんです」とVさん。地蔵が見つかってから二〇年ほどのあいだは、今のお堂の裏の崖の上に祀られていた。ところが、ちょうどその場所に高速道路を建設する計画が持ちあがって、移転を余儀なくされたのだという。その際、墓や古墳も下敷きになったとのことであ

図11　夢に現れた地蔵

る。

Vさんの散歩道をさらに突き当たりまで行くと、小さな小屋があり、その横の山の斜面から清水が湧いている。父親がずいぶん昔にそこに放したという鯉が泳ぐ。そして、傍らには山葵《わさび》が生えている。「もしかすると、これも父が植えたものかもしれません」。父親のことを語るVさんの表情はやわらかい。大好きだったにちがいない。小屋を離れて散歩道を引き返す前に、Vさんはきれいな山葵を何本か採ってくれた。

Vさん宅にて

散歩道を引き返し、Vさん宅に向かう。裏庭のほうから回って玄関へ。広い裏庭には、興味深いものがあった。つくばいのところにある石である。改築した際にもらったものだという。その石には「時がたつとともに、だんだん白い蛇の姿が現れてきて、上のほうにはヒゲも見えるんです」と。たしかに、くっきりとそれらしい模様が浮き出ている。和尚に話したら、もともとその場所に住み着いていた龍神が帰ってきたものだろう、と言われたそうである。

Vさんはかつて、この石にまつわる夢を見たことがあるという。温泉に入っていたら、老人から折り畳んだ紙をわたされた。老人は、じつは自分は蛇であり、水がないせいでこんなふうになってしまった、と語った。目が覚めて、Vさんは、その石の水を切らしていたことに気がついた。そこはもともと農機具置場だったため雑然としていたのだが、これを機にきれいにして庭を造り、蔵もリフォームしたのだという。たしかに、とてもすっきりした庭になっている。

祖父が見たという地蔵の正夢にも驚いたが、その祖父ゆずりとでも言えばよいのか、Vさんもこんな夢を見る。私はそこにVさんという人を見た気がした。内向して、深層に坐す諸力にアクセスすることができるのである。しかも、祖父と同様、苦境にある神仏を見出して意識化し、そこにエネルギーを注ぎ込んでいる。この営みはVさんの生きる姿勢と密接につながっているにちがいない。

Vさんはのちに神仏の加護を得て病いから恢復し癒されることになるわけだが、それ以前に神仏を救ってもきたらしい。ある意味では、神仏が身代わりとして長らく担ってくれていた荷を、

Vさんが見つけてわが身に引き戻したとも言えるだろう。人の身でなかなかできることではない。Vさんは、それでも果敢に、自身の担える分は精いっぱい担おうとしてきたようである。

私には、その荷が結果的に死に至る可能性のある病いとして立ち現れることがあってもさして不思議ではないように思われた。荷を背負うだけの力を持って生まれてきた人は、その力ゆえに、一見すると理不尽な苦労を抱え込むことがある。Vさんは、Vさんでなければ背負えないような苦難を、自分でも充分にそうとわかったうえで甘受してきたのかもしれない。そんな気がしてならなかった。

裏庭から前庭へと向かう。猫が何匹かいるが、警戒する様子もない。野良だという。前庭も広くて、いくつかの樹木が植えられていたり、石が配されていたりはするが、庭というよりはいわゆる門《かど》に近い感じがする。昔は、ここで、農作業や季節の祭事の一部が行なわれていたのだろうか。こちらも無駄なものがなく、手入れが行き届いている。開け放たれている印象があってすがすがしい。

趣のある玄関を入ると、正面に置かれた古い水屋が迎えてくれる。左手の和室へ案内される。前庭に向けて窓が大きく開かれた部屋である。手の込んだみごとな欄間が二方向にある。木製の大きな座卓が置かれている。そこでインタビューをさせてもらうことになる。Vさんがどくだみ茶とお菓子を出してくれる。どくだみ茶は甘くて、通常感じられるような雑味がない。病後ずっとこれを飲んでいるとのことである。

「もう一つ奥の部屋が仏間になっているんですよ」とVさんが襖を開けて見せてくれる。V家の宗旨は浄土真宗で、仏壇は真宗の檀家でしばしば見かける絢爛《けんらん》たる様式のものである。奥に、黒くなっていて少々わかりにくいけれども力強く六字名号の書かれた軸が掛けられている。聞くところによると、深い由緒のあるもので、代々、信仰の篤い家であることがわかる。

その部屋は床の間にもなっていて、床には、霊場の御朱印がたくさん捺《お》された不動尊の掛け軸がある。全部ではないけれどかなり参拝したとの由。ほかに、息子さんが四国八十八か所を歩いて廻ったときのものだという遍路笠と金剛杖もある。Vさんは仏壇の前では真宗の唱えごとをする。一方、和尚のほうの真言宗に関係する勤行は、仏壇の横に置かれた見台のところでする習慣である。

Vさんの実家はすぐ近く。ここに嫁いできてなお、今も実家とのつながりは深い。この村とその周辺には親族が集住している。親族同士の婚姻も少なくなく、それだけ血が濃いところである。Vさんは、結婚以来、会社での仕事のほか、出産や育児、あるいは介護などでずっと忙しく過ごしてきた。自分自身のことを省みる余裕はほとんどなかったという。Vさんを病魔が襲ったのは、そのようなある日のことだった。

病魔との遭遇

前兆はあった。左側の背中に痛みが出て、数か月にわたって続いていた。はっきり現れた異変は、肉眼でもわかる血尿だった（◎月一一日）。顕微鏡的な血尿は、そのずっと前からあったのだろう。Vさんは総合病院を救急受診、在宅での経過観察となり、翌日（◎月一二日）には泌尿器科を受診した。超音波検査で左の腎臓に水腎症の所見が認められた。腎臓と膀胱をつなぐ尿管がなんらかの原因で詰まり、腎臓で作られ続ける尿が行き場を失って貯留している状態である。

問題は尿管が詰まっている原因である。原因を突きとめるため、その後の三週ほどのあいだに、通院で造影CT検査、逆行性尿路造影検査、尿細胞診などが相次いで行なわれた。つまり、腎臓周辺の血流の状態や新生血管の有無を見たり、実際の尿路における通過障害の様子を調べたりするのと同時に、尿中に混じっている尿路由来の細胞に異常がないか、検査が実施されたわけである。

造影CT検査や逆行性尿路造影検査から、左腎盂に腫瘍が存在することが明らかとなった。腎臓の実質部分は、血液から老廃物を濾過して尿のもとを作る毛細血管の糸玉、すなわち糸球体と、その尿のもとの多くを再吸収する尿細管などの集まりだが、腎盂は、そうして生成された尿が一つに集まる漏斗状の構造である。空豆のかたちをしている腎臓の、くぼんだ部分にある。この腎盂から尿管が出ており、そこを通って尿が膀胱に送られるはずなのだが、左腎盂にできた腫瘍が尿の自然な流れを妨げていた。さらには、大きくなった腫瘍が腎臓の健康な部分を圧迫したり傷つけたりしたために血尿が出たわけである。

尿に混じっているのは血液だけではない。健康な細胞が傷ついて剝がれ落ちたり、腫瘍を形成する細胞の一部が崩壊して流れ出たりしたものが含まれている。尿細胞診では、それを観察する。Vさんの尿中には、異型性のある細胞、つまり異常な形態をした細胞が混じっており、しかも一部は角化をともなうことが判明した。これは扁平上皮癌を疑わせる所見である。腎盂癌にかぎらず、癌は、どのような細胞が癌化しているかによって分類されることが多い。それが悪性度を推測する目安にもなるからである。腎盂の癌はかなり珍しい。そのなかで比較的多いのは尿路上皮癌で、扁平上皮癌は稀である。

扁平上皮細胞は外尿道口付近に存在するので、尿中に見られるのは異常ではない。しかし、異型性のあるそれが見つかるのは、好ましからざる事態である。細胞診だけで癌の種類を確定することはできないが、扁平上皮癌であるとすれば、尿路上皮癌よりもずっと悪性度が高く、進行が早いことが懸念される。発見されたときにはすでに進行癌になっている可能性が高い。

総合病院の泌尿器科の主治医はVさんに手術を勧めた（◎月三一日）。左腎尿管全摘除術、つまり開腹手術で左の腎臓を尿管ごと取り除いてしまおうというわけである。開腹手術となると、患者にはさまざまな負担がかかる。体力も必要になるし、とりわけ術後の恢復に時間がかかる。

場合によっては抗癌剤による化学療法をすることになるので、入院は長期化することが予想される。

おそらく主治医は開腹手術でないと難しいと考えていたと思われるが、腹部に小さな穴をあけるだけの腹腔鏡手術ですむ可能性も視野に入れて、大学病院の泌尿器科に紹介。Vさんはそこで、方針の決定の前に再検査をしてそのうえで腹腔鏡手術の可否を判断してほしい、と懇願した（◎＋一月九日）。この時点で、肉眼的血尿が出てから約一か月が経過している。

大学病院では、三週間ほど費やして、あらためて造影MRI検査や造影CT検査、尿細胞診などが行なわれた。このとき、総合病院で見出されていた所見にくわえて、腫瘍が腎臓の実質部分にも及んでいること、リンパ節が腫大していることが判明。大学病院の主治医はVさんに検査の結果を説明した（◎＋一月三〇日）。診断は総合病院のそれと同じで、腎盂癌のなかでも悪性度が高い扁平上皮癌が疑われる、と。

同時に、主治医は、治療方針についてもVさんに説明している。この種の癌については抗癌剤による治療指針が確立されていないし、Vさんの場合は腫瘍の増大傾向が非常に強く、抗癌剤単独で腫瘍が消失することは望めない。手術の予定が組めるのは、最も早い日程だと約三週後（◎＋二月二二日）になる。どうするかと訊かれたVさんは、翌週に返事をすることを約束した。

この説明から一週後、骨への転移も危ぶまれたため、骨シンチグラフィーも行なわれた（◎＋二月七日）。骨に集まりやすい放射性薬剤を静脈内投与し、それが骨のどこにどのように集まるかを見て、骨の代謝の状態を調べる検査である。さいわい、骨への転移はないことがわかり、主治医がVさんに伝えた。Vさんは、予定された日に手術を受けるかどうかこの日に返事をするはずだったが、主治医にはとくに理由を告げることなく、さらにあと一〇日ほど（◎＋二月一六日まで）待ってほしいと願い出た。

しかし、主治医は、二日しか待てないと言う。ほかにも急ぎの手術を待っている患者がたくさんいるからである。Vさんは二日以内（◎＋二月九日まで）に返事せざるをえなくなった。そして、思案のすえに手術を受けることに決め、主治医にその旨を連絡した。この時点で、大学病院に転医してから、ちょうど一か月である。

こうして、一週後（◎＋二月一六日）に入院、さらにその約一週後（◎＋二月二二日）に手術という段取りになった。入院の二日前（◎＋二月一四日）、主治医からVさんにあらためて説明が行なわれた。腎盂癌の治療の第一選択は、腎尿管全摘術とその後の抗癌剤投与になること。Vさんの場合は腫瘍の増大速度も速いため、摘出の対象となる範囲が大きく、リスクを考えると腹腔鏡手術はおよそ適応外であること。そういった説明である。

腫瘍が急激に増大しているVさんの場合、抗癌剤治療を先行させる選択肢はとりにくい。薬剤の選定に決め手が乏しく、かといって、悠長に試行錯誤している時間はないからである。主治医からは、摘出した組織の病理検査により癌の種類が術後二週間ほどで特定されるのを待って抗癌剤を用いた全身化学療法を開始すべきであろうこと、そのため術後二か月は入院が必要となることについても説明がなされた。

Vさんは予定どおり入院した。ところが、手術の二日前（◎＋二月二〇日）になって、治療方針の変更が告げられる。入院後の胸部レントゲン写真で、左下肺野に直径一センチメートルほどの影が見つかったのと、CT検査において二か所のリンパ節に腫大が認められたからである。さらに、胸水と腹水の出現も確認された。これらは癌の転移や播種（癌細胞が体内で広範にばらまかれ、それぞれの場所を癌化させる）を疑わせる所見である。ただし、肺の影は、胸水にともなう無気肺によるものである可能性もあった。

こうなっては、たとえ開腹手術をしたとしても、腎臓を中心とする患部が摘出できないばかりか、播種をさらに促進してしまう危険がある。胸水や腹水は血液中のタンパク質を大量に漏出させるため、体力や免疫力を著しく奪う。それが非常に危険な合併症を招くかもしれない。主治医はそうした手術の危険を回避するべく、抗癌剤による全身化学療法へと治療方針を変更しようと考えたのである。「主治医から、肺にも肝にも腸にも行っていて手術はできないと説明されました」とVさんは語る。

試行錯誤的な抗癌剤投与をしている時間はない、と一度は主治医もVさんに説明していたのだったが、そう言っていられない状況になっていた。そこで、その時点で最も疑われている扁平上皮癌に対処するための薬剤を選択することとなる。しかし、この種類の癌は症例数が少ないため、薬剤選択のガイドラインが確立されていない。主治医の言葉を借りるなら「試験的な意味合いが強くなる治療」である。

手術も難しいし、抗癌剤もどれが有効かはっきりしない。言ってみれば、抗癌剤による治療を優先するにしても、もはや一か八かの状況になっているのだ。限られた報告にもとづいて選択し投与した薬剤に癌が反応してくれたなら、再び手術の可能性を考えることができるが、反応がなければ、それ以上、治療の手立てはない。この日の主治医からの説明においては、そこまでのことが告げられた。

これを聞いてVさんがどれほど追いつめられたか、想像するにあまりある。ところが、である。その翌日（◎＋二月二一日）、つまり当初に手術が予定されていた日の前日になって、治療方針にまたもや揺らぎが生じた。手術が難しく非常に危険であることに変わりはない。しかし、選択した抗癌剤が無効で、副作用ばかりが出現する可能性もおおいにある。それゆえ、抗癌剤治療を無理強いすることは控えたいというのだ。

手術にともなって生じうる危険などをVさんと家族が充分に理解したうえで手術を選ぶなら、手術を先行させる用意がある、と主治医は言う。ここでの治療方針の揺らぎは、Vさんと家族が和尚を信じて手術を強く望んだことが背景にあってのことだったろう。この主治医の言葉を承けて、最終的にVさんは手術を先行させることを選んだ。「手術してもらえなければ後悔する。手術をしてもだめなら納得して死にます」と。

当初に予定されていた日（◎＋二月二二日）に手術が行なわれた。経腹膜的左腎尿管全摘除術（副腎合併切除）である。左腎門部リンパ節、左総腸骨リンパ節、傍大動脈リンパ節の摘出も行なわれた。なお、術式に「経腹膜的」とあるのは、お腹の側から見ると腎臓は腹腔内の臓器を包む腹膜の向こう側にあり（つまり背中近くに位置している）、背中側からメスを入れるのでないなら、腹膜を切開しないと病巣に到達しえないからである。

和尚の関わりと治療のその後

はじめて肉眼的血尿が出現してからこの手術の日までに、怒濤のような二か月と一〇日がたっていた。この間に、Vさんと家族は和尚に何を相談し、どう行動したのだろうか。どの日にいかなる関わりがあったのかに関する当時の正確な記録は残っていないので、Vさんと和尚の語りをもとに再現してみる。前節、前々節の記述は、おもにVさんが保存していた主治医の記録にもとづくものだったが、異なる立場ではそれがどう体験されていたのかにも注目してほしい。

和尚との縁は、Vさんの母親が三〇年ほど前に人から勧められてときどきお詣りするようになったことにはじまる。Vさん自身は、二〇年近く前に父親が水害で行方不明になったときに世話になり、お礼に行ったのが最初だった。その後、家族関係にまつわる問題で深く苦悩し、ある寺（和尚のところではない）を頼りに不動の霊場めぐりや滝行などをしていた。霊的な体験などもあって、ずっと悩んでいた問題は徐々に解消に向かった。

Vさんが和尚のもとにひとりで通うようになったのは発病の三年ほど前からである。しかし、今回の発病をめぐって和尚に相談に行くことにした背景には、やはり母親の判断もあったという。母親は主治医に呼ばれて、Vさんがあと一週間ももたないと告げられた。滅多なことでは動じない人らしいが、Vさんの危難に臨むや、なりふりかまわず情報を集めて回り、和尚の法力への確信を強めたようである。もともと信心深い家に生まれ育っているので、和尚の力に懸けてみることに躊躇はなかったものと思われる。

Vさん自身、藁にもすがりたい思いだったろう。しかし、周囲の助力者たちのなかには、代々の信仰と異なる宗派であることに違和感を抱く者もいれば、宗教に頼ることに抵抗感をもつ者もいた。また、まったく別の代替医療や民間療法を勧める者もいた。Vさんと母親は、時間の余裕がないなかで、そのような人たちに納得してもらうよう努めた。その結果、Vさんのみならず、多数の家族と親族が連れ立って和尚を訪れることになった。

Vさんは和尚に事情と経過を説明し、手のほどこしようがないと言われていること、抗癌剤治療を勧められているがもうそのための体力もないことを語った。話を聞いた和尚は、Vさんの顔色を見たり、患部に近いところにそっと手を置いたりしてから、こう告げた。「左の腎臓は腐っていて、もう無理だから、切ってもらうのがいいでしょう。でも、右のはまだ大丈夫。一週間、一生懸命拝んで、右のは消しておきます。ほかもできるだけ消すから、帰ったら病院に行って、もう一度調べてもらうといい。医者は驚くはずです」。

最後までVさんが手術にこだわった理由は、和尚のこの言葉にあった。Vさんは、「あちこちに癌があるけど、すべて左の腎臓に集めて金縛りをかけておくから、と言われました」と語っている。和尚自身によると、光を届かせるのと同じ感じで、ピンポイントで対処できるとのことである。そして、こう述懐している。「たくさんの人を治してきたけど、Vさんのときの一週間というのは飛び抜けて速かった。あのままなら、あと二日の命だったでしょう」。

実際の結果はどうだっただろうか。手術後一〇日ほど（◎＋三月三日）たって報告された、左腎臓といくつかのリンパ節の病理組織検査によれば、全体としての確定診断は尿路上皮癌である。壊死《えし》や核の不同が著しいなど、異型度はグレード三に相当する箇所が多くを占めており、悪性度は非常に高かった。しかしながら、臨床診断で強く疑われていた、より予後の悪い扁平上皮癌と化していたのは一部だった。

腫瘍は腎臓の実質部分に深く浸潤するとともに、腎盂周囲の脂肪組織への浸潤も示していたが、腎実質を越えて腎周囲脂肪組織に浸潤している形跡はなかった。腎静脈への浸潤は認められる。一方、剝離面に腫瘍は見られず、動脈および静脈の断端、尿管の断端にも、腫瘍は見られなかった。左腎門部リンパ節の一部には転移が認められるが、総腸骨リンパ節や下腸間膜動脈リンパ節については転移なし。副腎にも腫瘍は見られなかった。

病理学的な最終診断が得られたことから、その内容にもとづいて抗癌剤による全身化学療法が開始された。なにしろ、扁平上皮癌よりも症例数が多く、有効な薬剤の選択が比較的容易な尿路上皮癌である。化学療法は術前の予想よりもはるかにスムーズに進んだのではないかと思われる。さて、そうなると、和尚の法力の効果をどのように評価したらよいだろうか。

要点を再確認しよう。より悪性度の高い扁平上皮癌の可能性が大と考えられていたが、いざ摘出してみれば、ほぼ尿路上皮癌だった。腎盂原発の腫瘍は腎実質に浸潤したり、腎盂周辺の脂肪組織に浸潤したりはしていたが、腎実質を貫いてその先まで広がっているということはなかった。腎静脈への浸潤はあったものの、摘出された動脈や静脈、そして尿管の断端に腫瘍は見られなかった。

これらのことの意義は大きいと思う。というのも、もしも腫瘍が腎実質を貫いていたら、さらに他の周辺臓器にも浸潤したり、広範な腹膜播種を引き起こしたりしていただろうからである。なるほど、部分的な浸潤はあったものの、広がりとしてはぎりぎりの範囲内に抑えられていたと見てよいかもしれない。リンパ節への転移もあったが、やはり最小限にとどまっており、ほぼ摘除できたものと考えられる。

Vさんは、主治医がまず無理だろうと判断していた治療方法、すなわち非常に困難で危険をともなう一か八かの手術を、タイムリミットぎりぎりのところで選択した。それでいて、病んだ臓器の摘出がこれほどまでにきれいになされ、術後の化学療法と恢復も順調に進んでいる。医師団の腕のよさにくわえて、癌の悪性度が予想されていたより低く、目に見える病巣の広がりが限定的だったおかげである。

開腹前の診断と開腹後の診断は、前者が臨床的水準のもの、後者が病理学的水準のものなので、単純に同列比較するわけにはいかないが、前者よりも後者がVさんにとってさいわいだったことはまちがいない。抗癌剤治療を優先していたら、尿路上皮癌ではなく扁平上皮癌に有効と思われる薬剤が選ばれていたことだろうから、そこでVさんの命運は尽きていた可能性がある。Vさんに最後まで手術を望ませたことだけをとっても、和尚の面目は保たれる。

その後のこと

手術が予想以上にうまくいったといっても、まだ目に見えないような転移が残っている可能性は高い。だからこそ、抗癌剤による全身化学療法が実施されるわけである。案の定、手術からおよそ二か月を経過した頃（◎＋四月）、肝臓に小さな転移巣が見つかった。すぐに複数の抗癌剤を同時投与する化学療法が実施され、その四か月後（◎＋八月）にはラジオ波焼灼《しょうしゃく》療法もなされた。

病巣を取り除くために肝部分切除（右葉切除）が行なわれたのは、さらにそれから半年後のことである。手術は成功し、術後わずか八日で退院。これによって、Vさんの一年数か月におよぶ闘病の主要部分はついに終わりを迎えた。その後、定期的に検査が行なわれているが、再発の徴候はなく、以来、一〇年以上の歳月を重ねている。Vさんが現在、嘱託の仕事や農作業に元気で励んでいることは、すでに述べたとおりである。

Vさんは、人が病気に罹ることにはそれなりの理由と意味があると考えている。そして、こう語ってくれた。「入院したり手術を受けたりしているうちに、どういう人は救われ、どういう人はそうでないか、なんとなくわかった気がします。私は自分の体をたいせつにしていませんでした。病室のベッドの上で不安になると、お堂で和尚さまといっしょにいるのを想像して拝んでいました。個室で麻酔から覚めたとき、ああ、ここに帰ってきた、と心底うれしかったのを思い出します」。

Vさんがこうした思いに至った背景には、和尚の次のような言葉もあった。「身体は元気にしているのに、握り拳《こぶし》くらいの癌の部分ばかりに囚われてるよ。心臓も動いているし、息もしている、話もできる」。和尚は、Vさんが元気に動いている身体に感謝していないこと、感謝してこなかったことに気づかせた。Vさんは自分の身体に心から懺悔し、以後たいせつにするようになった。手を当てて「よくなる」と言い聞かせるのがコツだとも教わり、必死で実践したというが、このこともまた身体への深い愛《いと》おしさを呼び覚ますのに一役買ったのだろう。

Vさんはこうも言う。「体はもとと同じですけど、命と魂は別のものになりました。手術さえできないと言われましたから、何であれ、できることがうれしいですね。癌に罹って無理はきかなくなったけど、ほんとうに楽しいことを見つけたし、ゆっくりと楽しめるようにもなりました。しあわせはすぐ近くにある。家族との暮らしがうれしい。病気があれこれ学ぶ機会になりました。プレゼントをもらった感じ。残念に思ったことはまったくないです」。

Vさんのあり方の奥行きが伝わってくる語りばかりだった。インタビューを終えて帰るとき、Vさんは、自動車を停めてある神社までわざわざ見送りに出てくれた。道々、父親が亡くなった経緯を聞かせてもらう。故人への深い思いが伝わってくる。Vさんは道沿いにある自分の畑にひょいと寄って、新鮮な野菜やよく熟《う》れた果物を手際よく採り、土産に持たせてくれた。

丁重に礼を述べてから、助手の運転で帰路に就く。夕暮れが迫る山里の風景を名残り惜しく思いながら、インターチェンジを通過して高速道路に入った。来たときに降りたインターではなく、Vさんから教えてもらった、もっと近くのスマート・インターである。まもなく、助手と私は奇妙な体験をすることとなった。運転をしていた助手が、突然、「いたっ！」と小さく叫んだのだった。左手の親指に針で刺したような鋭い痛みを不意に感じたのだという。ハンドルを握る手に力が入ったのか、一瞬、蛇行したので、少し肝を冷やした。

私たちは、そこが、Vさんに案内してもらったあの地蔵のお堂のちょうど真裏にあたることに気がついた。つまり、お堂の背後にある崖の上を通っていた高速道路。私たちはまさにその地点を通過中だったのだ。Vさんは、あのとき、祖父の夢に現れた地蔵がはじめはそのあたりに祀られていたことをめぐって、高速道路建設の際にあたりの古墳や墓地がたくさん破壊されたと教えてくれた。

そういえば、さらにこんなことも言っていた。「高速道路ができてから、ここで交通事故が多発したんです。祟りを怖れた道路公団からの依頼で和尚さまが拝んだそうですが、それ以後はピタリと事故が起こらなくなりました。あんなひどいことをしたんだから、事故が起きてもおかしくないと思います」と。助手が指に突然の激痛を感じたのは、まさにそのかつての事故多発地点だった。

以前、和尚からも、どこかの高速道路のインターチェンジ付近で年に二〇件くらい死亡事故が起きて困っていると言われ、拝みに行ったらおさまった、と聞いたことがあった。Vさんから地蔵のお堂の前で話を聞き、そしてその裏手の高速道路を通ってみて、ようやく話がつながった。なるほど、あのとき和尚が言っていたのはここのことだったのか、と合点がいった。

そのことを思い出して、私たちは、先ほど自動車が蛇行したときとは別の意味で再び肝を冷やした。見た目は別にどうということもない、緩やかなカーブである。どこにでもありそうな道路にすぎない。帰ってから、和尚にVさんを訪ねたことを報告しにいったが、ついでにこのエピソードのことも話してみた。すると、和尚は、その地点が以前に話題にしたところにまちがいないことを認めたうえで、こう言うのだった。

「あそこは、おそらく、かつて合戦か何かでたくさんの人が死んだ場所なのではないかな。思いというものは残るから恐いです。さらに、その地点でひどい交通事故に巻き込まれて命を落とした亡者たちが、次々に連れを呼ぼうとしていたんでしょう。事故の頻発で、高速道路の関係者が何人も責任を問われて気の毒だったし、呼ばれて拝みに行きました。東京でも同じようなことがあって、そちらも拝んだら止まりましたね」。

法力に関してここで言えること

病気を治すことは、洋の東西を問わず昔から、霊能や法力のいちばんポピュラーな使い方である。そのような場合、本来の意味での因果と言うべきか、たいていは呪いや祟り、あるいは前世の罪業が原因とされてきた。それらと近代医学が病気と呼ぶものとは、当然ながら、区別して考える必要がある。しかし、ユングが言うように、近代以降「神々は病気に姿を変えた」（Jung, Wilhelm, 1929、Jung, 1997）のだとすれば、両者の重なる部分も少なくないかもしれない。

深層心理学的に言うなら、「神々」とは、かつてのように畏敬の対象ではなく、存在を無視されている無意識内の諸力を指す。たとえば、人間が激しい怒りや悲しみのために我を忘れて行動することは、昔なら怒りや悲しみを司る神々の仕業とされ、その神々を鎮めるための祀りが行なわれた。しかし、近代に入ると、もっぱら自我の働きに重きが置かれ、焦点は個人による感情制御の巧拙に移ってしまった（Jung, 1997）。もちろん、自我が無責任なのはいけないが、過度な責任を背負うのも考えものだろう。

祀りは意識的になされる象徴的な儀式である（Johnson, 1986）。そこには、象徴を介してでなければなしえない時空を超えた神々と人間とのコミュニケーションがあって、両者の和解の可能性が模索されていた。しかし、神々の支配下にあったところを人間が自分たちの領域と見なしはじめると、対話の道は閉ざされる。ユングが述べるように、業を煮やした神々が病気に姿を変えてその威力を示そうとしたとしても不思議はない。

神々が諸元型に相当し、類心的な特性を備えていることは、前章で説明したとおりで、神威は心の領域にも物質ないし身体の領域にも現れる。つまり、発生する病気は精神的なものとはかぎらない。身体的な不調も起こりうる。くわえて、いかなる病気にも心身症としての側面があることを考えると、伝統社会における病気のみならず、近代医学が認める病気をめぐっても、無意識へと充分な関心を向け、リビドー（心のエネルギー）を注いで祀ることには重要な意義がある。

神々は深く傷ついているのだから、祀るにあたっては慰撫の姿勢が必要である。病んでいる者自身が神々に真摯な意識を向けることは欠かせない。とはいえ、最も強力なレベルの実力行使におよぶほどの暴走がひとたびはじまったら、神々を鎮めるのは容易ならざることである。なにしろ、その背景にあるのは、矮小《わいしょう》な人間にはとうてい背負えるはずのない、元型的な重い荷なのだから。少しでも神々の厚意をもらわなければどうしようもない。そこで、専門家による援助が必要になる。

ならば、専門家にはいかなる資質が求められるだろうか。ユング心理学の立場から言うとしたら、みずからもかつて傷を負い、かつ癒された経験を持っている、ということである。そのような元型的な像を、ユング派では「傷ついた癒し手《ヒーラー》」と呼ぶ（Jung, 1954d, 1997）。伝統社会のヒーラーは、一般に、その能力を身につける過程で過酷なイニシエーションをくぐり抜けなければならない。イニシエーションの試練のなかで、傷を負い、そして癒されるのだ。

たとえば沖縄のユタと呼ばれるヒーラーは、「カミダーリ」という試練を経てはじめてユタとなる。カミダーリの具体的内容は個々のケースで異なるが、本人の大怪我や大病、家族や親族の災難などが代表的である。ユタ候補者（神から選ばれた者）は、試練のなかで「ユタになれ」という啓示を受ける。たいてい、はじめは抗う。抗っているうちは不幸から逃れることができない。しかし、ついにユタになることを受け入れるや、不思議と苦から解放される。そこから、師匠のもとでの本格的なトレーニングがはじまる。

ユタに限らず、ヒーラー候補者には苦難がつきものである。思わぬ苦難に遭って九死に一生を得るなかで突然に霊能が発現し、そのままヒーラーになる者もいる。これは、「はじめに」でも少しふれたように、PTSD（トラウマ後ストレス障害）の一部がたどる変容パターンに近い。そのような出自を持つヒーラーは稀ならず存在する。このことは、トラウマを負った人のまわりでは共時的現象が起きやすい（Cambray, 2009）、という経験的事実とも密接な関係があると考えられる。

生死の瀬戸際まで追いつめられる過酷な経験は、トラウマと呼ばれる深い傷を心身に残すが、そこに起因する時間感覚や空間感覚の歪みが癒しのプロセスのなかで時空の超越を思わせる霊能へと発展することがある。たとえば、トラウマが惹起するフラッシュバックという時間感覚の歪み（過去のトラウマ発生時の状況が現在に生々しく甦る）や体外離脱体験という空間感覚の歪み（視点が急に上方からの俯瞰《ふかん》的なものに切り替わる、など）が時空を超えた透視能力に変容するような場合である。

さて、ここで注目したいのは、成巫《せいふ》過程でヒーラー候補者を傷つける神と癒す神とが同一であることである。ユタの例で言えば、候補者はユタになることを受け入れた途端に災難から解放されるが、それは、ユタになれと命じる神がくだんの災難を引き起こしていたからにほかならない。ここには、ホメオパシーと呼ばれる治療原理にまつわる元型的な観念を見出すことができる。それは「似たものが似たものを癒す」（similia similibus curantur）という理念で語られる。

一般に、西洋医学はアロパシー（異種療法）という治療原理にもとづいているが、代替医療や民間医療にはホメオパシー（同種療法）を基盤とするものが少なくない。アロパシーでは、病気の原因になっているものの働きを打ち消す薬を使う。私たちはこの考え方に慣れている。しかし、同種療法では、原因となっているのと同じものを極限まで希釈して薬にしたり、似通った性質を持つものを薬にしたりする。アロパシーとホメオパシーは相互補完的な関係にある。

ヒーラーの治病には、興味深い、二重のパラドックスが見出せる。一つは、「傷ついた癒し手」という元型的イメージに見られる、傷ついた者（そして癒された者）こそが癒し手にほかならない、というパラドックス。もう一つは、ホメオパシーと呼ばれる元型的治療原理に見られる、傷つけたものこそが癒すものにほかならない、というパラドックス。すなわち、傷ついた者、傷つける者、癒される者、癒す者の関係性である。

この点をふまえて、和尚の治病に関して注目したいのは、若い頃からの厳しい行の積み重ねである。行者は、苦行のなかで、いわば虐待の憂き目に遭う。それがトラウマをもたらすことは避けられない。むしろ、深刻なトラウマこそが求められているかに見える。しかし、ここで重要なのは、トラウマの発生の仕方とその成り行きである。つまり、行によるトラウマがあくまでも人工的なそれであることは見逃せない（老松、2017）。

行に臨むとき、そこには師がいる。一人前になってからはちがうにしても、それまでのあいだは、みずからも同じ行を生き延びてきた先達としての師が傍らにいて、いま弟子がいかなる状態にあるか、さらに無理をさせても大丈夫か、あとどれくらいで飛躍が起きそうか、自分の経験に照らし合わせながら細心の注意を払って見守っている。そこからの恢復のプロセスについても経験的に知っている。弟子は、トラウマを負いながらも、恢復を信じて行に身をゆだねることができる。そこから、「傷ついた癒し手《ヒーラー》」が生まれる。

しかも、行において行者を傷つけるものは、おそらく神仏であるにちがいない。ほかでもない、神仏に近づき同化せんがための行なのだから。ユングの用語で言うなら、相手はセルフである。セルフは超越的な力の中心であり、ありとあらゆるものを癒し再生させる心の最終的秩序を担う。

セルフがすべてを承知のうえで傷つけたのであれば、かならずや癒すだろう。そこには、傷つけたものこそが癒すという、あのパラドックスがある。

堅固で緻密に組み立てられたシステムのなかでの行の積み重ねは、「傷ついた癒し手《ヒーラー》」を生み出す。和尚の場合は、尋常ならざる行による人工的トラウマがあるがゆえに、セルフに癒された度合いもまた桁外れだったにちがいない。だから、治る人も多いのだろう。Vさんが発病して連れていかれた幽明の境。その一線が和尚の目にはどう見えていたのか。自身、意図して、あるいは意図せずして、彷徨《さまよ》ったことのある生死の崖っぷちである。和尚は幾度となくそこまで行って帰ってきた。

心理分析や心理療法のプロセスにおいては、分析家自身が行ったことのあるところまでしかアナリザンドの心の旅に同行できないとされている。私もこれまでの臨床経験からそれを知っている。言うまでもなく、往路だけではだめである。復路をも知っていてこそ、アナリザンドの全身全霊をかけた挑戦をぎりぎりのところまで見守り、必要とあらばその荷を分かち持つことができる。アナリザンドはどこかでそのことを感じ取っている。

だから、ユング派でもフロイト派でも、分析家を目指す者は教育分析と呼ばれるトレーニングを経験しなければならない。自分自身がアナリザンドになって分析を受け、そのなかで傷つきや癒しを体験してはじめて分析家の資格を得られることになっている。精神分析の草創期において、教育分析の必要性をはじめて強く主張したのはユングだった。そして、ユング自身、若い頃に精神病的な状態を経験し、アクティヴ・イマジネーションや夢の分析によってそこから帰還しえたことが、その後の治療的な力の源になっていた（Jung, 1971/1987, 2010）。

治病の状況は心理分析のそれとはいささか異なるが、Vさんは、和尚のそうした経験と力量が感じられたからこそ、露ほどの疑いもなく自身をゆだねることができた。しかも、ただ単にすがったのではない。万策尽きた完全な無力さゆえに、Vさんのなかからは、みずからの運命に対する断固たる信の強さが現れ出てきていた。それが、傍らに和尚という外なるヒーラー、そして自身の心に内なるヒーラーを布置させたのではなかったか。これこそを法力のなせる業と呼んでしかるべきだろう。

Vさん自身は、このときのことを、「発信者と受け手のキャッチボールが成立した」と理解している。いくら発信しても「受け取れない人がいる」と和尚が語ったからだそうである。深層心理学的にも、救いのためのメッセージはつねに発せられていると言ってよい。ただし、それを受け取るにはセンスと覚悟が要る。第五章でアクティヴ・イマジネーションをめぐって「意識からの応答に、無意識は次なる夢や想像の展開というかたちで返事をしてくるから、意識がまたそれを捉えて応答する。このキャッチボールが折衝にほかならない」と述べた。覚悟なしにキャッチボールは成立しない。

第七章　透視

大地の底を見る

本章では、地下の見えないものを探査した和尚のエピソードを扱う。具体的には、温泉や鉱脈などの存在を言い当てる力である。和尚はいわゆるダウジング（棒や振り子などを用いる）のように何かの道具を使うわけではない。その場所に赴いてじっと見つめたり、地図の上で探ったりするということなので、ここでは、便宜上、透視と呼ぶが、意図せず感覚が反応したり、ただ直観的にひらめいたりする場合もあるらしい。

旅の僧（じつは弘法大師）が杖で地面を衝《つ》いたり岩を打ったりしたら水や湯が湧き出した、という伝説が全国に多数ある。実際にも有名な万濃池を築くなど、空海が治水や灌漑の土木技術に長《た》けていたことはよく知られている。また、鉱物資源と冶金《やきん》の知識にも通じていたとされている（松岡、1984、宮坂、1992、佐藤、1998）。空海は若い頃から山林修行を重ねていたから、山の民のあいだに伝わるその種の技能を身につけていたのだろうか。なんにせよ、真言宗の行者は、地下深くの見えない水の行方や金属の消息に感応することがあるらしい。

和尚も例外ではない。かの宗祖譲りともいうべき、数々の温泉や鉱脈の発見歴を有している。温泉については、これまでに七〜八か所は見つけているという。金鉱に関してもしかり。本章では温泉の発見を詳しく扱うので、その前に少し金鉱のことにふれておこう。金鉱の探知経験のなかでも、とくに和尚の印象に残っているのは、二〇代の後半に全国を遍歴していたなかでのエピソードである。

和尚は、遍路の途中、立ち寄ったある山の頂きで行をしていた。その日の行を終え、疲れた体を横たえて休んでいたところ、肌に触れる土がいつになく冷たく感じられ、向こうに見える峰のほうからも奇妙に冷たい風が吹いてくるのを感じた。不思議に思いながらそのまま眠りに就いた和尚は、夢のなかで、明るく光り輝くものを見たのだった。目が覚めて、この付近には金鉱があるにちがいないと直観したという。

行をひととおり終えて山を降りるとき、和尚はたまたま、ある人と行き会った。聞けば、地元の学校の先生だという。一夜の宿を貸してくれたうえに食事までふるまってくれたその人に、お礼のつもりで「あの峰の麓には金鉱があるかもしれませんよ」などと話したそうである。和尚はこう語る。「こちらは名乗ってないし、あちらは、ただの若い坊主としか思ってなかったでしょう。でも、それから、その話が広まったのか、金鉱の噂が人の口の端にのぼるようになったみたいです」。

しばらくして、ある企業がその山で試掘をはじめた。しかし、簡単にはいかない。「六本掘っても、金鉱にはいっこうに行き当たらない。だから、おおかたあきらめかけてたようですが、いちばん若い技師が、最後にもう一本だけと主張して、みごとに金鉱を掘り当てたそうです」。それは、世界でも稀なほど純度の高い、きわめて良質な金鉱であることがわかった。その後、長年にわたって採掘が続けられたという。

似たようなことは、ほかの土地でもあったそうである。たとえば、和尚が招かれた、ある山深い町でのエピソードは、次のような具合だった。市長や県議会議員らが、市街を一望できる山頂の公園に和尚を案内してくれるというので、いっしょにタクシーに乗って出かけることにした。目的地に向かう途中、車窓から美しい景色を眺めていると、遠くの山の連なりが和尚の目に入った。

そのとき、和尚には、ふっとわかったことがあった。そこで、同乗の人たちにこう言った。「あの霞んでいる山を掘ってみるといい。あそこには金が出ますよ」。後日、地元の人たちがそこを掘ってみたところ、和尚の言葉どおり、ほんとうに金鉱が見つかったとのことである。「山並みを見ていてなぜそう思ったのか、自分でもわかりません」。和尚はそう言う。およそ三〇年前のことである。

じつは、和尚は、その町で温泉も見つけている。やはりタクシーで走っていて、ある橋をわたったときのことである。和尚はまたもやピンと来て、「ここに温泉が出ますよ」と言った。和尚によれば、そのようなときには、どういうわけか、勘やひらめきに異様に強い確信があるらしい。川沿いを掘削してみると、実際に、岩盤を一枚どけただけで質のよい温泉が湧き出た。市はこの水量豊富な源泉を利用して立派な温泉施設を整備し、現在も賑わっているという。

温泉や金鉱を見つけて田舎の町を活性化させてくれた和尚に、地元の人々はおおいに感謝の念を抱いたようである。その気持ちを表すため、和尚の寺にかなりの額にのぼる寄付をしてくれたという。「求めなくても、お金は向こうから来てくれます」と和尚は笑う。和尚の寺にはいくつかのお堂があるが、それらのなかでいちばん新しいものは、この寄付金によって二五年ほど前に建てられたものである。

被災地の温泉

では、これから、温泉の探索にまつわるもう少し新しいエピソードを詳しく紹介しよう。前節で述べたエピソードから一〇年ほど時代は下る。こちらは、話を聞いただけでなく、関係者に案内をお願いし、私自身が山中の現地に足を運んで見てきた例になる。現地への案内が必要なのは、前節の例とちがって、こちらには現在、温泉施設などはないからである。

和尚がその地に関わりをもったのは、弟子のひとりを通してのことだった。弟子というのは、ある真言宗寺院のW住職。五〇歳前後だろうか。W住職は、自身が本山の大学で学んでいたときに和尚の子息も在籍していたことから、和尚との縁ができたのだという。すでに三〇年来の関係である。「あそこ（本山のこと）には何千人という僧侶がいますが、X先生（和尚）のような人はひとりもいません」とW住職は語る。

W住職の寺は、ある大きな災害に襲われた島にある。島も含めた周辺の地域はその際に甚大な被害を受け、人的な喪失および物的な損害はもちろんのこと、経済や文化をはじめとするさまざまな面ですっかり活気を失っていた。町は灯が消えたようになり、人口の流出は避け難かった。なかなか復興の目途も立たず、困難な状況が長く続くことが予想された。

そのようなとき、ある会社の会長からW住職に相談が持ち込まれた。意気消沈している地元をどうにかして元気づけるために温泉を掘り当てたい、というのである。W住職は、それまでにいくつもの温泉を見つけたことがある和尚に事情を話し、助力を請うた。透視するには地図が必要ということで、会長が自身の広大な所有地の境界線を書き込んだ、五万分の一の地図が用意された。

和尚ははじめ、一週間で答えを出すと約束した。ところが、前節で述べた川沿いの事例のときとはちがって、今回は少し難航。拝んで透視してはみるものの、なかなかはっきりしない。和尚はおよそ二週間をかけて、島の北半分に一〇か所ほどの候補地を見出し、地図上にそれぞれの場所と掘るべき深さを示した。うち三か所が会長の所有する山林にあった。傾斜がきつすぎないか、重機を入れられるか、など現実的な諸条件を勘案し、試掘地点が一か所に絞られた。

和尚は、その後、冬の寒い時期に現地に赴き、見晴らしがきく近くの小高い山に登った。そして、展望台から、無事に温泉が湧くようにと一時間近く拝んでから、「急斜面の谷筋がよい」と言って、ポイントをあらためて精密に見定めた。作業員がはじめて入る日にも現地に行って、試掘地点を示す目印の棒を持って立っている作業員に、離れたところから、「もっと右、もう少し左」などと位置を細かく指示した。

W住職も、そのような日の和尚のサポートを含め、地元の関係者としてできるかぎりの手伝いをしたとのことである。そして、実際に試掘したところ、はたせるかな、温泉が湧き出たのだった。厳密に言えば、水温三〇度台で分類上は冷泉になるそうだが、成分の分析もなされ、申し分のない水質であることが明らかになった。会長はこれに気をよくして、本格的な掘削と施設の建造に着手した。

掘削地点は小さな渓流のほとりにあった。そのすぐ近くには、ゆくりなくも、古い山岳信仰の行場の跡があった。山伏が行をしていたものか、あるいは密教僧が行をしていたものか、知る由もないが、上流側には断崖を流れ落ちてくる滝があり、傍らには石に刻まれた不動明王の像も残っていた。会長はそこに行小屋まで建てて、霊地をたいせつにしようとしたそうである。

しかし、詳しい事情はわからないのだが、会長の会社は倒産の憂き目に遭った。そのため工事は中断を余儀なくされ、会社と山林の土地は他人の手にわたった。会長自身も人前から姿を消してしまった。そういうときに頼りになる和尚に相談する暇もないくらい突然に、よほどの不測の事態に見舞われたのだろうか。そのことをのちに耳にした和尚は、会長がもはや運に見放された人になってしまったことを感じたという。会長はまもなく亡くなったようである。

掘削地点を買い取った人にその気があれば、突然に中断せざるをえなかった工事を再開して、前所有者の計画していた温泉施設の建設を実現できる可能性もあった。しかし、残念ながら、そのまま放置されてしまったようである。くだんの会長が消息を絶ってからは、W住職もX和尚もその土地との縁がすっかり切れてしまった。人々の記憶からもほとんど消えた。このたび私を案内してくれたW住職も、現地に行くのはほとんどそのとき以来とのことだった。

現地の探訪

初夏のある日、撮影および録音係の助手とともに、W住職との待ち合わせ場所である高速道路のサービス・エリアに行った。少し早めに着いたので、屋内の喫茶スペースでコーヒーを飲みながら、それらしい人がいないか、あたりを見回す。まもなく、作務衣《さむえ》に輪袈裟《わげさ》というまちがえようのない姿をした人が入ってきた。住職と初対面の挨拶をかわす。柔和な面差《おもざ》しと謙虚な仕草が爽やかに感じられた。

前日まで雨が続いていたが、この日は快晴。「どうもそういうことになっているようですね」と、いっしょに小さな幸運を喜ぶ。さっそく現地へ案内してもらえるというので、広い駐車場に戻ると、たくさんの自動車が停めてあるなかで、住職と私が隣合った車室《スペース》に駐車していたことがわかった。今度は、小さな偶然の一致に、たがいに顔を見合わせてにんまりする。

住職が先導してくれる。住職自身もしばらく現地に行っていなかったので、はたして今も車で行ける道が残っているかどうか、残っているとしてもふつうの出で立ちで近づける状況かどうか、あらかじめ確かめに行ってくれたらしい。一週間ほど前、おぼろな記憶を頼りに当時の道をたどってみたところ、なんとか行けそうだということで、この日に案内してもらえる運びになったわけである。まことにありがたい。

先を行く住職の車について島の西海岸をずっと南下してから、左折して山道に入る。対向車が来てもすれちがえない細い道。ところどころに民家があり、枇杷《びわ》の畑が山の斜面にへばりついている。つづら折りの急坂をしばらく行くと、海はもう眼下である。道の傾斜がいったん緩やかになって左にカーブするところに差しかかると、幅員が若干の広がりを見せた。

住職の車が止まった。私もそのうしろにつけて停車する。そこから、右手の細い道を歩いて降

図12　温泉発見の現場

りると現地だという。木々のあいだを川が流れていて、狭い谷のなかに、そこだけぽっかりと上に向かって開いたような小空間があった。渓流に小さな橋が架かっている。その上に立って眺めてみると、上流側には崖と大きめの滝があり、そこと橋のあいだには人間の背丈より少し高いくらいの堰堤《えんてい》がある。

堰堤の右側には、和尚がこの地を見つけるより前からあった不動明王の像があって、石をきれいに組んだ台座の上に安置されている。古い行場の跡である。住職によると、いま堰堤があるところはかつては小さな滝になっていたそうで、往昔《おうせき》の行者はそこで水行をしていたのだろうとのこと。和尚が地底の不可視のエネルギーの存在を見定めた地点が行場だったのは偶然とも言えるが、昔からそういう

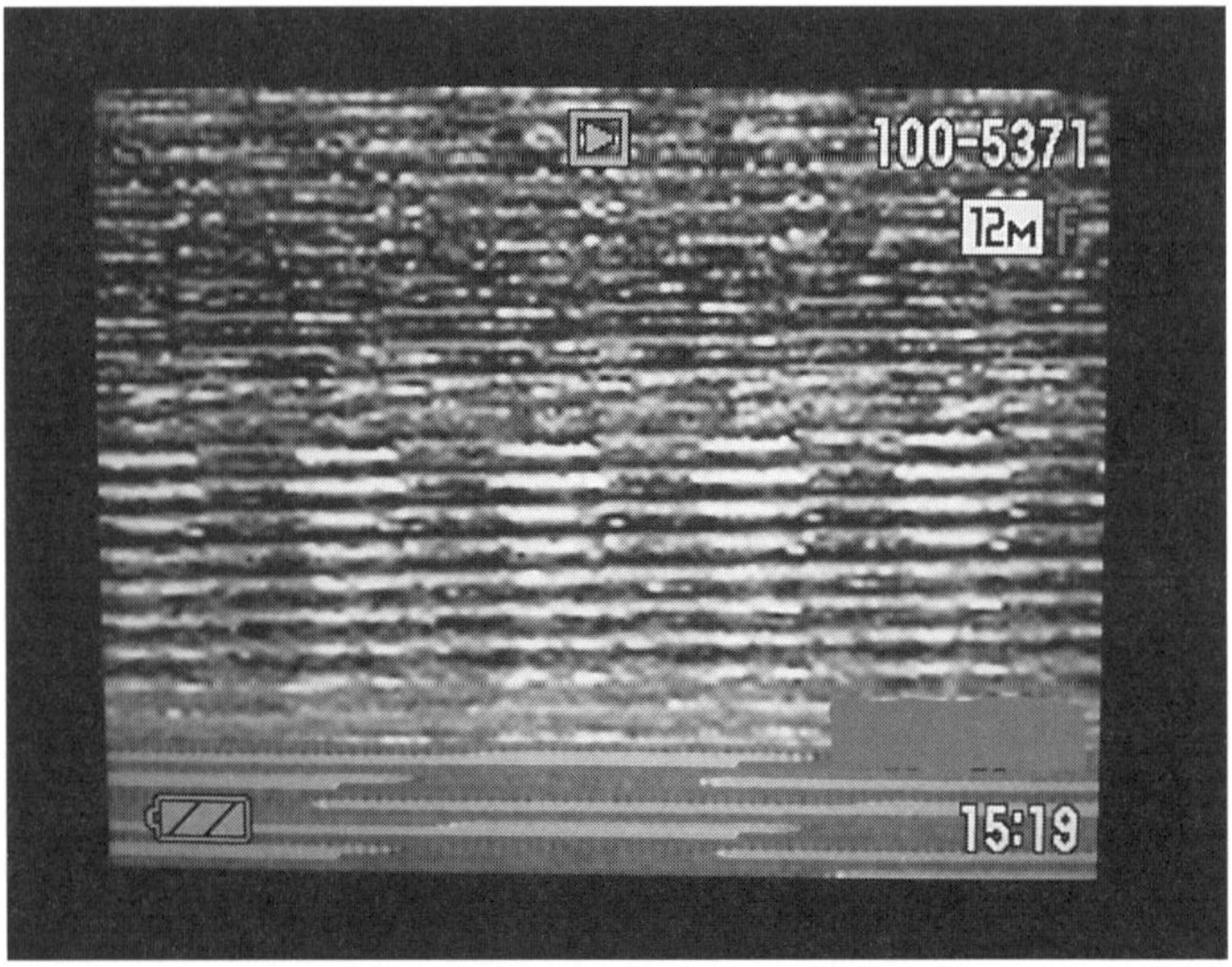

図13　乱れたデジタルカメラの画像

場所だったからこそ行場になっていたのかもしれない。

不動の像の横には、くだんの会長が作った行小屋が今もあった。外観はまだ意外ときれいである。「この籠もり小屋には、ふたりくらいは泊まれますよ」と住職。背後の急斜面にくっつくように建てられていて、入口となるガラスの引き戸はその急斜面の側にある。小さな落石がいくつか、引き戸の下のところに転がっていた。小屋から下流に向かっては、五〜六メートルばかり、山肌に沿って小道のようになっている。

以上は左岸（上流側の滝に向かって言うなら右手）の様子である。問題の温泉の掘削地点は川の反対側のほとりにあった。不動の像の対岸にあたる位置。金網で囲ったなかに、稼働していないポンプがある。以前はパイプから川に流れ出ていたそうだが、会長の会社が倒産して止められたままになっている。ポンプからは何の音もしない。しかし、近づいてみると、地のなかからの強い圧を感じた。

今も気のようなものが上がってきている感じがする。そのためかどうかはわからないが、デジタルカメラでそのあたりの写真を撮ろうとしたら、急に調子が悪くなってしまった。シャッターが下りるには下りたものの、水平にたくさんの同期線のようなものが入った妙な画像になった。過去にも一度、同じ現象を体験したのを思い出した。上田秋成『雨月物語』の怪談「吉備津《きびつ》の釜」で知られる吉備津神社（岡山市）でのことである。

吉備津神社や伏見稲荷大社をはじめ、全国のいくつかの神社では、鳴釜《なるかま》神事（釜鳴り神事）という祭事が行なわれている。また、行者が家々をめぐって、持ち運びできる釜を持ち込み、鳴動式と呼ばれる同種の儀式を行なう風習もかつてはあった（老松、2018）。釜で湯を沸かし、祝詞《のりと》や真言を唱えながら、なかに米を入れて蒸し、その際の熱い蒸気で釜がどう鳴動するかで運勢を占う。それとちょうど同じように、大地の底から強く吹き上げてくるものがこの温泉跡にもあるのだろうか。

現地の周辺

住職はつづいて、X和尚が寒中に一時間近くこの谷筋を見下ろしながら拝んでいたという近くの山にも案内してくれた。自動車を停めておいた場所から直接そちらへ向かう道もあるにはあるのだが、今では非常に細く草深い状態になっているため、いったん海岸まで降りてから、ぐるっと峠の裏側まで回ることになる。昔とすっかり変わってしまったという道に少し戸惑いながら、目的の山の入口を目指す。

文字どおり紆余《うよ》曲折して、頂きに展望台のある山にたどり着いた。駐車してからしばらく歩いたところにある展望台には、かつて宿泊施設だったという展望塔が今なおかろうじて姿をとどめていたが、営業はしておらず、すでに廃墟になっている。周辺には、ソーラーパネルがたくさん設置されていたり、電波塔が建てられ囲われていたりして、和尚が立っていた地点には立ち入ることができなくなっていた。

住職によると、電波塔のあるあたりが昔は公園のようになっており、和尚はそこに立って、例の谷筋のほうに向かって拝んでいた、とのことだった。たとえそこに近づけたとしても、今は冬場とちがって、その方向に木々が繁っているため、たぶん谷底のほうまでは見通せまい。左右は開けていて、遠くに美しく輝く大海原が望めるのだが。和尚があえて寒い時期を選んでこの山頂からあたりを見わたした理由が少しわかった気がした。

午後四時を過ぎた。かなり日が長い時期ではあるが、さすがにもうそろそろ行かないといけない。和尚の当時の足跡に思いを馳せながら、駐車場に戻って、再び車に乗り込んだ。住職が自坊に招いてくれたので、勧めに甘えて案内してもらう。けっこうな距離を走ったが、途上、どこから水を引いているのか、わりあい高いところにも田が広がっているのが不思議だった。

神社に隣接する寺の境内まで車で入る。右手にこんもりとした庭が築いてある。その先に庫裏《くり》。そして、左手に本堂。比較的最近になって修繕や改築がなされたらしく、そしてまた手入れが行き届いているためでもあろう、とてもきれいな寺である。さらにその先にも、いくつかの小さい堂宇がある。本堂前には、旅行く大師像。ガラスの引き戸になっている玄関から本堂に入る。

祭壇の前へと案内される。緑色を基調とした金色の荘厳が美しい。座ると落ち着く祭壇である。ありがたいことに、わざわざ線香を立てて、住職が拝んでくれる。よく通る声で唱えられる、大日如来、不動明王、八大龍王の真言や般若心経などを心静かに聞きながら、私はその日の行程を思い出していた。それが終わると、別の部屋に通され、お茶とお菓子をいただきつつ、さらにあれこれ話を伺うことができた。

住職によると、和尚の法力と関係するこの島の温泉はもう一つある。そもそもは、さる新宗教(真言宗系で、水の流れとゆかりのある尊格を祀る)の教祖が島の北側で掘り当てたという温泉である。ところが、諸般の事情で、その利用はなかなか進まなかった。そこで、住職も手伝い、島にやってきた和尚に来訪者の幸福を祈願してもらったとのことである。

山の上から拝んだあと、和尚は「この温泉地は波動が下がっていたが、これで空気のちがう場所になったよ」と言った。和尚の言葉どおり、それから建てられた温泉施設は、現在では人気の観光スポットになっており、たいへん活況を呈している。住職の話では、ほかに、今は車で行ける道が途絶えているが、かつて和尚が拝んだ、非常に強い波動が発出されているスポットなどもあるそうである。

途中から、住職の令室もまじえて、話を聞かせてもらう。色白のきれいな人である。夫人は、数年前、胸部に腫瘍が見つかったそうである。そう言われてみれば、たしかに、鎖骨下部のあたりに小さな傷跡がある。おそらく、医療の際にできたものなのだろう。その腫瘍を、和尚に例の手当てや加持祈禱で治してもらったという。ここでも、和尚の治病のエピソードに出会った。

和尚が寺で夜に内護摩を修するとき、住職もその場に同座し、夫人の病気が治るようにいっしょに拝んだそうである。和尚は、「拝む場合も、拝んでもらう場合も、イメージが非常にたいせつ」と夫人に言い、「梅干しを思い浮かべたら唾が出てくるでしょう。あれと同じこと」と教えてくれたと述懐する。病いが癒えるイメージをほんとうにリアルに思い描くことができれば、それに照応する事象が身体のなかで起きる可能性があるのだろう。

戻ってから、島の温泉掘削跡をW住職に案内してもらったことを和尚に報告しに行った。その際、カメラの異変による奇妙な写真を見てもらったら、和尚が「侍がたくさんいますね」と言う。そして、それとは別の、住職と私が行場の前に佇《たたず》んでいるスナップ写真に、「冠をかぶった大きな顔がいくつか見えます」とも。「よく拝めば、ほんとによい場なんですけど」と呟く和尚の表情は少し悲しげに見えた。

後日、W住職から宅急便が届いた。開けてみると、木製の五輪塔である。高さが四〇センチメートルくらいある立派なもの。添えられていた手紙によると、住職をはじめ、和尚のもとに集まって学ぶ数十名の弟子たちが、以前にみなで拵《こしら》えた五輪塔だそうで、住職による開眼の儀式も行なってあるとのこと。たいへんありがたく、またその澄んだ造形に感銘を受けた。手紙は、これからも法力の研究に励んでほしい、との言葉で締め括られていた。

法力に関してここで言えること

和尚自身はこの種の法力について次のように語る。「人間は、今のところまで進化してくる前に、魚だったり犬だったり猿だったりした時代がありました。そういう時代の生活の記憶が細胞の一つひとつに伝わってるかもしれません。脳も使ってない部分が多いっていうでしょ。邪魔を取り除きさえしたら、たとえば犬だった時代に持っていた人間の何万倍もの嗅覚が眠りから目覚めることもあるんじゃないでしょうか」。

集合的無意識には、和尚の唱える説に合致するところがたしかにある。第五章で説明したように、ユング心理学では、ヘッケルの「個体発生は系統発生を繰り返す」という発生学の法則が、心の面についても妥当と考えている（Neumann, 1971）。そして、私たちは夢のなかで、たとえば蛇の姿をとった脊髄神経レベルの機能を、あるいは虫の姿をとった自律神経レベルの機能を体験することがある。今も深層で人類以前の心の原基が活動し続けているのであれば、脳の休眠部分にかつての系統発生的な野生が保持されていてもおかしくない。

本書の文脈においては、「系統発生的な」とするより「元型的な」と表現するほうがしっくり来るかもしれない。元型的な野生を多少とも体現しながら生きている人たちは今もいる。私はそういう人たちのことを「発達系」と呼んでいる（老松、2014, 2021）。発達系といっても幅があって、野生を生きているというだけならただの未分化なあり方にすぎないが、透徹した意識や直観力をともなう非常に高度な天才的あり方が見て取れる場合も少なくない。たぶん、和尚は強力な発達系である。

ちなみに、発達系と対《つい》になるのが人格系である。人のあり方をこの二つの類型に分けて考えると役に立つことがある。人格系のあり方のほうがわかりやすいと思うので、さきに説明しよう。人格系は、過去のことをあれこれ悩み、未来への不安にもさいなまれながら、葛藤のなかで日々を過ごしている人たちである。神経症的な傾向がある、と言ってもよい。そんな言い方をすると聞こえが悪いかもしれないが、神経症的な傾向があるのはふつうのことである。つまり、人格系とは、ふつうの人たち、ごく一般的な多数派を指す。

当然のことながら、神経症的な傾向が「ある」という程度にとどまらず顕著な場合には、「ふつう」とは言えない。人格系のあり方の中核的な要素（人格的要素と呼ぼう）は、自己愛ないし自己価値に関する揺れである。自分をたいせつに思えるか、それとも、自分には価値が乏しいと感じるか。そのあいだを揺れるのだ。一定程度揺れるのは、まさしくふつうである。しかし、人格的要素が突出すると、人格障害（パーソナリティ障害）と呼ばれる。

では、肝心の発達系はというと、過去や未来は眼中になく、もっぱら今現在を生きている。「今ここ」に集中している（木村、1980）、と言えばよりわかりやすいだろうか。発達系は目の前にあるものに夢中である。これは、人格系がまわりに気配りをする「おとな」のあり方であるのとは対照的で、子どもの基本的な特性と重なる（安永、1980）。成人でそのような傾向を示す人たちは、直情径行だったり天然だったり、ユニークな少数派となろう。

発達系のあり方の中核的な要素（発達的要素と呼ぼう）は、「森羅万象との融合」、そして「怒りと宗教性」といった点にまとめられる。そのうち、「森羅万象との融合」（河合、1972, 1987）は、環境との無媒介の関わり、受け身の外向性などの傾向として現れる。簡単に言えば、外界の諸存在との隔壁ないし境界が薄く、周辺にある自然の事物や傍らにいる人そのものになってしまう。

自然の事物に直接コンタクトするような体験、あるいは他者の痛みや喜びを直接にわがこととして感じるような体験の仕方である。

一方、「怒りと宗教性」(Szondi, 1952、大塚、1974)についてだが、この二つの側面は表裏一体である。まず、「宗教性」の側面は、「今ここ」への極度の集中がもたらす、時空への特異な感覚や経験に関係がある。つまり、「今」しか存在しないがゆえに過去や未来が、また「ここ」しか存在しないがゆえに近くや遠くが、怒濤のごとく一点に流れ込んでくるのだ。永遠と無辺である。いきおい、共時的現象が多発する(老松、2014, 2016b)。先述の「森羅万象との融合」と組み合わさると、啓示を受けたり、超越的存在を感得したりしやすくもなる。

他者の痛みをありありと感じることから、身代わりとして苦を引き受けようとする傾向も強い。いわゆる代受苦である。そして、そのような「今ここ」の宗教性(木村、1980)の裏面とも言える発達系の怒りは、「あとさきを考えない」荒ぶる神の顕現に象徴される。発達系の自己犠牲的、代受苦的な行動が、一点の曇りもない厳格な倫理観と激しい憤怒に裏打ちされていることは珍しくない。ここで、和尚が「ひどい癇癪持ち」だったこと、無謀とも感じられる行に打ち込んできたこと、不動明王への特別なシンパシーを持っていることを思い出されたい。

人格的要素が突出すれば病理的であるのと同様、発達的要素が極端である場合も病理的な状態になる。発達障害やてんかんがそれに相当する。発達障害とてんかんは、発作の有無という点を除くと生のあり方がかなり近く、合併することも多い。じつは、ここで示している「森羅万象との融合」「怒りと宗教性」という発達的要素は、てんかんの精神病理にまつわる知見を援用したものである（老松、1999）。

精神病理などというと、よくない印象を与えるだろうか。しかし、発達系のあり方が「子どもの基本的な特性と重なる」と指摘しておいたことを思い出してほしい。言い換えれば、人は誰でも発達系としての核を有していることになる。その意味で、これを中心気質と呼ぶこともある（安永、1980）。程度の差はあれ、万人のあり方の中心に存在しているからである。発達的要素が「病理」になるかどうかは、あくまでも、それをおとなとしてどのように生きているかという点に存する。

じつのところ、発達的要素ばかりの人というのはいないし、人格的要素ばかりの人も存在しない。言うなれば、一方だけで一〇〇パーセントの純粋なあり方は理論上の概念にすぎず、誰しもが発達的要素と人格的要素のハイブリッドである（老松、2014, 2021）。ただし、一人ひとり、両要素の比率はちがっている。そこで、発達的要素の割合が多い人を発達系、人格的要素の割合が多い人を人格系と呼んでいるわけである。

話を戻すと、発達系は、子どもの特性を基本とすることから、野生を宿している人とも言える。環境との無媒介の関わりという特徴にいたっては、野生のあり方そのものである。一般の人間にはもはや見られない能力、すでに痕跡化してしまっている能力を、生きたまま有していることも少なくない。驚くべき知覚力、記憶力、直観力、イメージ力などを示すのがその例である。だから、天才の名をほしいままにすることもある。近年ではギフテッド（gifted）と呼ばれるようになった。

そのような天才的な力の一つとして、じつはコミュニケーション能力というのもある。発達障害の人にはコミュニケーションの問題があると一般的には考えられているが、私は、彼らにその高い能力があると言うのをためらわない。たしかに問題があることはしばしばだが、しかし、多くは相手が人間の場合だろう。一部の発達系は、それと引き換えにと言うべきか、超越的存在とのコミュニケーションには長けていることが少なくない。

発達系には図抜《ずぬ》けた集中力があることとも相俟《あいま》って、宗教的天才がよく現れる。古今東西の名のある宗教家はほとんどが極度の発達系だったのではないかと私は思う。万能の天才、空海もその例に漏れない。そして、「今空海」と呼ばれる和尚も、尋常ならざる「今ここ」への集中、諸仏に対する観想や交感の桁外れのリアリティなど、どこをとっても発達系の天才である。本章で紹介した、時空の制約をものともしない鋭敏な知覚もまた、発達系の面目躍如というにふさわしい。

第八章　浄化

体験したいくつかの事象

ここまで、X和尚の法力にまつわるエピソードを三つ、和尚自身や関係者へのインタビューおよび現地調査にもとづいて紹介し、それぞれについての深層心理学的な見解を簡単に述べてきた。これらのエピソードは意味深いものばかりだが、いずれも過去のものである。当然ながら、基本的にすべて伝聞ということになる。その点にいくばくかの物足りなさを感じる向きもあるかもしれない。

どのインタビュイー（取材をされる側の人）も信頼の置ける人たちである。けれども、伝聞である以上、やはり若干の距離があることは否めない。フィクションを読んでいる気になる読者がいても無理はない気がする。そのような懸念を少しでも払拭するため、本章では、和尚へのインタビューを重ねるうちに私自身が身のまわりで体験した興味深いできごとを述べてみよう。

和尚に関わっていると、いろいろ不思議なことが起きる。そういう実感はたしかにある。今から、その種のできごとを二つ記す。そこには、意味深い偶然の一致、偶然を超えた偶然が見られた。ユングの言葉を借りるなら、共時的現象である。また、ここに記すできごとにおいては、ある種のヌミノースムが体験されたことも付言しておかなければならない。ヌミノースムとは、真に宗教的な体験の核心をなす畏怖、戦慄《せんりつ》、魅惑をいう（Otto, 1917）。それにふれると、その圧倒的な強度と深度の前に人は跪《ひざまず》き、ひれふすことになる。

さて、二つのできごとのうちの一つ目は、単一のできごとというより、私自身がとある日に経験した意味深い諸事象のシリーズである。それらについては、一つひとつの小さな事象のあいだに見出される複雑きわまりない連関、あるいは感じられる非常に深い相互作用のようなものがおおいに印象的だったので、すでに別のところに少し書き綴ったことがある。ここにもぜひ記しておきたい。

和尚の寺では、毎月決まった日に例祭が催される。和尚に縁のある僧侶が一〇名前後参集して護摩が行なわれ、広い本堂に入りきれないほどの信徒や参拝者でいっぱいになるとかねてから聞いていた。その月の例祭の日はたまたま日曜だったので、とにもかくにも一度見にいこうと思い立った。当日はすばらしい好天に恵まれ、まだ春ではあったが、日向《ひなた》にいると暑いくらいだった。

私はその数日前にも和尚のところにインタビューに行っていた。和尚はそのとき、「この歳で手習いをしてます」と笑って、墨跡も麗しい一枚の半紙を見せてくれた。「大盈若沖」と書かれていた。老子の『道徳経』(四五章)にある、タオ(道)を説明する言葉で、訓《よ》み下すなら「たいえいはむなしきがごとし」となる。内部が満ち満ちているものはまるで空っぽのように見える、といった意味合いである。江戸時代の著名な絵師、伊藤若冲《じゃくちゅう》の雅号はこの言葉に由来する。

じつは、このインタビューの折りの話の流れがあって、どうしても早いうちに一度、例祭の日にお詣りしてみたいという気になっていた。そういうわけで、その日の朝、自動車に乗り込もうとした、まさにそのとき、ふと目にとまったものがあった。車庫の前に四角い紙片が落ちていたのである。小さく丁寧に折り畳まれているように見える。一瞬、無視して行こうかとも思ったが、少しばかり気になったので拾い上げた。

紙片はやはりきちんと折り畳まれている。広げてみると、おみくじだった。しかも、大吉である。おそらく、財布か何かにだいじにしまって持ち歩いていた通行人が、ちょっとした拍子に落としていったものだろう。見知らぬ誰かの持ち物だし、少し気味悪くも思ったのだが、なにしろ、おみくじである。捨て置くわけにもいかない。このような日に拾うのも何かの縁かもしれないと考え、うろ覚えの印を結んで護身の呪文など唱えながら、とりあえずポケットにしまった。

おもむろに出発。和尚の寺に向けて、一路、車を走らせる。高速道路もすいていて、快適なドライブである。最寄りのインターチェンジで降り、川沿いの道を進んでいると、礼服を着た人々や大きなカメラを抱えた報道関係者が路傍に多数集まっているところがあった。これから何かの式典が行なわれる様子だったが、急がないと例祭に間に合わないので、いかなる催しか確かめることなく通りすぎた。

例祭の開始時刻まぎわに和尚の寺に到着。好天の日曜であるせいもあってだろう、二か所あるいずれも広い駐車場はすでに満杯になっており、一部の車は道路にまではみ出している。たいへんな人出だということはつねづね耳にしていたのに、どうやら甘く考えすぎだったようである。駐車スペースを見つけるのに手間取り、結局、少しだけ遅刻してしまった。

例祭の護摩

あわてて護摩堂に直行する。さして距離はないが、直射日光を浴びながら登り坂を走ると、少し汗が出てくる。ちょうど和尚が入堂するところだった。堂内には、すでに一〇名内外の僧侶がスタンバイしているようである。この日のために五色の幕がかけられた護摩堂は、それほど広くないせいもあって、善男善女ですでに満員。外にまで多数の人があふれていた。なかには、僧衣をまとっている人も。

護摩堂の手前には棚が組んであり、藤の花が満開である。その藤棚と護摩堂の中間あたりの生垣のそばに立って覗いてみるのだが、たくさんの人たちの頭越しに見えるのは堂内の暗闇と二本の大きな蠟燭の光のみである。護摩の修法のはじまりを告げる三度の礼拝のときだけ、和尚の姿がかろうじて見えた。いくつかの唱えごとがあって、あとは、僧侶たちも群集も般若心経を繰り返す。

はじめは参拝者の声が大きく聞こえていたが、途中から僧侶の声のほうがはっきりしてきた。蠟燭の焰が激しく揺れはじめる。隣にいる人が「足からすごいビリビリが来る」と言っている。同じことを私も感じていた。護摩を焚くときには、はじめに諸仏を迎えにいって呼び寄せるという手順があるが、あるいは、ちょうどそのときに諸仏が到着したのかもしれない。

儀式の開始から三〇分ほどたつと、燃え盛る火が、私のいるところからでも見えるようになった。それから五分くらいのあいだに焰は最高潮に達する。煤《すす》でまっ黒になっている護摩堂の天井にも届かんばかりの勢いである。この頃には、不動明王の真言が繰り返されていた。その後、火はしだいに勢いを失って鎮まりはじめたようで、私からは見えにくくなっていったが、堂内はなおも揺らめく焰によって照らされていた。

開始からおよそ四〇分、堂内を再び覆いはじめた暗闇のなか、仄《ほの》白く柔和な顔立ちをした仏の淡い姿が目に映った。どこかの壁画か何かで見たことがあるような感じの姿である。そして、その姿がゆっくりと浮かびはじめ、数秒間にわたって上昇し続けた。立ち昇る煙に私が投影した幻にすぎなかったのかもしれないが、呼ばれて訪れた諸仏が、今度は和尚たちに送られて帰途に就くところにちがいない、と思った。

さらに約五分後、ほんの短いあいだだったが、再び火が高く燃えあがった。それから、僧侶たちによる短い唱えごとがあって、大がかりな例祭の護摩は終わりとなった。和尚が最後にまた三度の礼拝をするのが見えた。すがすがしい気持ちになる。インタビューのとき、「やはりときどき外護摩もしておかないとね。長年やってはいても、ついつい細かい手順を忘れてしまいますから」と屈託なく笑っていた和尚の顔を思い出した。

そこに「本堂でお勤めをしますので移動してください」というアナウンスが流れ、人々が護摩堂から本堂のほうへ歩きはじめる。私もいっしょにそちらへ向かうが、途中、いつもは閉めてある塔の扉が開放されていることに気がついた。なかの虚空蔵菩薩像を拝観できる。あとで聞いたところでは、物騒なのでふだんは鍵をかけておくようにと警察から勧められ、最近は特別な日だけ開けているとのことである。

急いで塔への石段を駆け上がって参拝。すっきりした面持ちで剣と宝珠を携えている尊像である。たまたま、ほかには誰も登ってくる人がなかったので、しばらく間近で眺めていた。すると、スピーカーから般若心経が流れてきた。もう本堂での勤行がはじまったらしい。あわてて石段を降りて、本堂に向かう。またもや出遅れてしまった。さしもの広い本堂も、もう人でいっぱいである。かろうじて浜縁の端のところに身を滑り込ませて拝見する。

しばらく般若心経が続き、あとは弘法大師の宝号や寺で祀られている諸仏の真言、光明真言などが唱えられた。続いて、和尚がマイクを持ち、一〇分間ほどの法話。最後に、再び短い読経があった。こうして二時間ちょっとの例祭は終わった。と思っていたら、和尚は誰よりも早く本堂を出て、境内に列をなす人たち一人ひとりに挨拶をしはじめた。その後、みなが気持ちのこもった接待の弁当とお茶をもらい、春の快い陽光の下でありがたさを噛みしめた。

翌日、新聞を見ていたら、例祭に向かう途中で目にした式典についての記事があった。数年前の同日の夕刻、その場所で突然に起きた大きな事故（建設工事の）に関係する式典だったらしい。私はそのとき、犠牲者の慰霊と安全祈願のための石碑の建立式に出くわしていたのだった。和尚の寺での例祭はそれとは無関係で、たまたま日が重なっただけなのだが、あの日の犠牲者の鎮魂にもなっているように思われた。

ところで、これもまた翌日に確認した大吉のおみくじの託宣は、非常に興味深いものだった。そこには、諸々のできごとが無理なく、しかもけっして中心をはずすことなく生起する、という旨が記されていた。そのとき私は、和尚に見せてもらった書がたまたま老子の言葉だったことも思い出し、前日に経験した一連のできごとにタオの妙のようなものを感じた。つまり、そこに同時にあってしかるべきあれこれが、あるべきように共存し調和していたのを感じた。

ユング心理学的に見れば、共時性の原理が働いていたということになる。すなわち、非因果的な配置の秩序性である。科学にはなじみにくい考え方だが、その場で一連のできごとを経験した私にとって、この展開に感じられる「意味」は偶然では片づけにくい。それは因果をはるかに超えて深い。おみくじをさりげなく置いていったのは、仏だったのだろうか。それとも、セルフだったのだろうか。私は敬虔になる。世界や自然や人間をまた信じてみたくなる。

御土砂《おどしゃ》加持

さて、「二つのできごと」の二つ目に移ろう。何度目かのインタビューに行った際、和尚が「うちにも少ししかないから、ほんのちょっとだけですけど」と言って、奥のほうから出してきた御土砂をくれた。小さなビニール袋に入った、黒っぽい砂である。御土砂とは、各地の真言宗の寺が信徒に頒《わか》ち与える、さまざまな霊験のある砂を指す。御土砂には、光明真言を誦しながら加持祈禱が施してあるので、遺体や墓の上に撒けば、成仏できずに苦しんでいる亡者も光明を得て往生できるとされている。先祖の供養に広く用いられる。

さて、御土砂というだけでもありがたいものなのだが、和尚がくれたそれは特別なものであるという。「比べてみるとわかるかな」と、和尚はふつうの御土砂も見せてくれた。そちらはずっと白っぽい。一般的な御土砂は、近くの川砂などを採ってきて、それを拝んで作るので、こういう色をしていることが多いらしい。しかし、和尚のくれた御土砂は由来がまったく異なるものだという。

図14　御土砂

高野山には、代々の管長が昔からたいせつに受け継いできた御土砂がある。和尚は、高野山で修行していた若かりし頃、管長や学長を歴任し「即身成仏」に最も近いと言われていた高僧に見込まれてずいぶんかわいがられ、「このごろではこういうものをだいじにする者も少なくなってしまったから」と秘伝の御土砂を譲り受けた。そのとき、「これでたくさんの人たちを助けてあげなさい」と言われたそうである。

和尚によれば、この御土砂の特別な黒っぽさからすると、そこらの何でもないところから採取してきたただの砂と考えることはできない。そのようなものなら、あれほどまでに代々だいじにされてきたはずがなかろう。思うに、おそらくは、昔々の奥の院あたりの土にちがいない。ということは、ひょっとしたら、弘法大師の骨が混じっている可能性もある……。

和尚はさらに続ける。じつは、かなり前のことになるが、友人の学者に頼んで、この御土砂の成分を調べてもらったことがある。しばらくして結果が出ると、その学者が血相を変えてやってきて、「この土と砂のなかには、一〇〇〇年以上前の動物の、それもおそらく人間の骨に由来すると思われる成分が含まれているが、おまえ、いったい何をやったんだ」と和尚に詰問したという。

和尚は私に、「ここでもずっと拝み続けてきたものだし、すべての先祖に届けと願って撒いてあげるといい」と言い添えた。そして、「ちょっとしかないからね、ペットボトルの水にほんの数粒まぜて、般若心経でも光明真言でも一心に唱えながらふりまけば、おおいにおかげがあるはずです」と教えてくれた。例の高速道路の事故多発地点にも、じつは御土砂を撒いて拝んだとのこと。そして、いくつかの自殺の名所では、御土砂を撒いたら途端に自殺がなくなったという。

なお、後日、聞いたところでは、和尚がその日に御土砂をくれたのは、私の親族のなかに不幸な死に方をした者がいるようにふと感じたからだったらしい。もらったときにはそのことを知らなかったのだが、せっかく貴重な御土砂をもらった以上、使わない手はないと考えた。どのように活用するのがよいか迷ったすえに、まずは定石どおり先祖代々の墓に撒いてまわることに決めた。

およそ一か月後、帰省する機会があったので、教えてもらったとおりにペットボトルの水に薄く溶かした御土砂を、あちこちにある親族の墓をめぐって撒いた。ほとんど参ったことのない墓もあって、そういうところは、うろ覚えで探しまわったり、怪訝《けげん》そうな顔をする親族に訊いたり、と少しばかり苦労した。広い墓地に建ち並ぶ石塔は、当たり前のことだが、どれもそっくりで、目的のものを見つけるのに難儀する。これまでいかにないがしろにしてきたか、思い知らされる。

まる一日かかって、思いつくところはだいたい廻り終えた。かなりくたびれていたが、最後に参った墓の近くに住んでいる遠い親族（今後の話の都合上、「おばさん」と呼ぶ）の家に、せっかくこんなところまで来たのだからと思って立ち寄った。呼び鈴を鳴らそうとしていたちょうどそのとき、別の親族（おばさんの姪）が用事でやってきた。こうして会ったのは、もう何年ぶりだろう。挨拶をして、近況を聞いた。

そこから、ややこしい話になった。彼女の実家（おばさんの実家でもある）を継いでいる弟（おばさんの甥）が少し前に病気で倒れ、後遺症があって要介護になったという。弟の介護はその妻が行なっているが、じつはその家では弟の父（おばさんの兄）と母（おばさんの義姉）もそれ以前から要介護で、ほぼ寝たきりの状態である。だから、弟の妻は合わせて三人の介護をしなければならず、とてもたいへんそうだというのだ。

御土砂を撒いてまわるのはもうすっかりすんだと思い込んでいたのだが、まったく甘かった。

本気で墓参しなければならない強烈なところが、まだ残っていたらしい。なにしろ、ちょうどこの日のこの時間、ここに彼女が来合わせて、ほかでもない御土砂であちこちの墓で供養をしてきた私にそういう話を聞かせたのである。もう一つ浄化すべし、というサインでなくして何だろうか。

再び御土砂加持

かくして、私は、おばさんの実家の墓にも御土砂を携えて参らなければならなくなった。しかしながら、もはや気力も体力も、おまけに時間もあまり残っていなかった。少しでも早いほうがよいとは思ったが、やむなく日を改めることにした。けれども、なかなか休みをとれず、和尚がそのあいだに追加で頒ってくれた御土砂を持って再び帰省できたのは、それから約三か月後、春の彼岸すぎのことだった。

そのときの不思議なエピソードを以下に記すが、複雑でわかりにくいと思うので、おばさんを中心としてできるだけ簡潔に続き柄を表すこととする。前節では括弧つきで示した続き柄である（私にとっても、これらの関係者のなかでいちばん近いのはおばさんなので、そのようにすると話を整理しやすい）。ただし、例外が一つある。「弟の妻」は、正確には、おばさんの甥の妻だが、この続き柄を簡潔な表現では何と言えばよいのかわからない（義姪？）ので、ここでは便宜的にただ「嫁」と呼ぶことにしたい。

繰り返しになるが、念のため、この約束に従って状況を整理しておく。おばさんの実家は年の離れた兄が継ぎ、おばさんはよそに嫁いでいる。しかし、その兄は、ずいぶん前から、義姉ともどもに寝たきりに近い。さらに、兄の後継ぎの甥も、急な病気の後遺症で、杖に頼ってかろうじて歩ける程度。嫁はひとりでこの三人の介護をしており、まことに気の毒な状況である。そのように、おばさん宅に来た姪（実家からよそに嫁いでいる）が私に語ったのだった。

帰省した日の翌朝、おばさんの実家にいっしょに行くために、自動車でおばさんを拾いに向かう。おばさんの家で、御土砂について和尚からの受け売りの説明をし、反応を見る。賛同してくれたので、購入してきた何本ものペットボトルの水に、それぞれ数粒ずつの御土砂を入れて掻き混ぜた。準備万端、整ったところで出発である。実家には、おばさんからあらかじめ、この日に見舞いと墓参に行くと連絡を入れてもらっている。

着いたら、まずは、近くの墓に直行。墓は掃除が気持ちよく行き届いていた。彼岸すぎだからではない。信心深い嫁は、いつでもこうして墓をきれいにしているらしい。これでも浄化は足りないものなのだろうか、と思う。火をつけた線香を、持参した新しい線香立てに。そして、御土砂を含む水を撒く。内緒で撒いているので、いくぶん後ろめたい気持ちがある。

ついで、おばさんの実家へ。見覚えのある、古く大きな家である。ここに来たのは、いったい何十年ぶりになるだろうか。玄関を開けると、嫁が出迎えてくれる。座敷に上がって、おばさんといっしょに、甥、兄、義姉を見舞う。甥は座っていて笑みも見られるが、兄と義姉は横になったままである。想像していたよりは元気そうにも見えるが、家族だけのときにはこうはいくまい。嫁の苦労がしのばれた。

私は屋敷のまわりにも御土砂を撒きたいと思っているのだが、こっそり撒ける墓とちがって、こちらのほうは勝手にやるわけにもいかない。そこで、外に出て、嫁に御土砂について話してみる。嫁は説明を聞きながら、ちょっと空を見上げ、なんともいえない複雑な表情を見せた。信心深い嫁だけに、宗旨が異なる御土砂には違和感があるのかも、と思う。しかし、一瞬の間を置いたあと、すんなり承知してくれた。

私は屋敷のまわりに御土砂の水を撒く。母屋から少し離れた農具小屋のほうは、全面的におばさんに任せることにした。その昔、そこでひとり自死した人がいると聞いた憶《おぼ》えがあったからである。その人はおばさんの母親であり、甥から見ると祖母、嫁にとっては大姑《おおじゅうとめ》（夫の祖母）にあたる。おばさんがまだ嫁ぐ前でこの実家で暮らしており、かつ嫁はこの家に入ってまもない、だいたいそういう時期のことである。

そのできごとは、当然ながら、一家に大きな衝撃を与え、外に嫁いだおばさんも含めて、一家のなかでは口にすることさえずっとタブーになっていたらしい。ここ何十年、あからさまに話題になったことはなかったようである。それゆえ、かくいう私も詳細は知らなかったが、本気で浄化しなければならない場所があるとすれば、そこを措いてほかにないと思っていた。

おばさんにとって、農具小屋は、その日以来、一度も扉を開けたことのない場所だったそうである。けれども、おばさんは意を決し、勇気を出して、開かずの扉を開け放った。そして、御土砂の水を撒いた。母親が自死した、まさにその場所にもたっぷりと注いだのだった。このとき、おばさんの胸中にはさまざまに去来する思いがあったろう。もちろん、それまでそこに近寄ることができなかった理由も含めて。

正夢

一方、私は庭のほうに行った。そちらにも御土砂を撒くほうがよいかどうか、見てみたかったからである。甥も嫁に寄り添われ、杖をついてゆっくりと庭に出てきた。私が庭を眺めていると、ふたりはそこにある一つの石にまつわる話をはじめた。その大きな石は祖父がそこに置いた縦長のもので、それを使って庭に何かを築こうと思っていたようなのだが、祖父はとうに他界しているので詳しいことはわからない。

嫁はかねてより、その石がいかにも不安定に見えて、いつ倒れてもおかしくないように感じていた。近年は大地震なども多いので、万が一事故が起きてからでは遅いと思い、前年に甥（つまり、嫁の夫）とともにそれを横倒しに寝かせた。長年の不安が払拭でき、嫁は安堵した。ところが、ほどなく甥が体調不良を訴えはじめ、重病に罹《かか》っていることが判明。追い討ちをかけるような急病にも襲われ、後遺症を背負って生きていかなければならなくなった。私はその石にも御土砂の水を注いだ。おばさんも農具小屋に御土砂を撒くのを終え、私たちに合流した。

そのとき、私には、少し気になることがあった。嫁が自分の行為を後悔しているように見えたのだ。つまり、この石を倒したために甥が病魔に襲われたのではないか、石が立っているのを嫌がった自分のせいで罰《ばち》が当たったのではないか。そういう思いである。何の証拠もないけれど、なにしろその石を倒してから数か月のあいだに立て続けに不幸が起きている。嫁がそう感じてきたとしても不思議はないように思われた。

私たちは静かに、そして厳粛な気持ちで御土砂を撒き終えた。その後、庭から母屋にそろって戻るとき、屋敷の上空を大きな鳥が何度も輪を描いて飛んでいるのが目に入った。おもしろかったので、みなに注目を促すと、鳥は最後にぐるりともう一周して飛び去った。小さくなっていくその姿を見送りながら、すべてではないにせよ、何か一区切りついたことがある気がした。

おばさんとともに実家をあとにする頃には、もうとっくに昼を過ぎていた。嫁は私たちの車が見えなくなるまで手を振っていた。おばさんは気持ちがふっきれたのか、晴れ晴れとした表情をしている。そのまま、おばさんを家まで送り届けてから、ついでにいくつか寄っていかなければならないところにいずれもわずかばかり立ち寄った。それから私も家路を急いだ。

夜遅くに寓居に帰り着き、一息ついていたら、おばさんから連絡が入った。つい今し方まで嫁と電話で長話をしていた。急いで伝えておくほうがよさそうに思うことがいくつかあるので、こんな時間になっているけれども連絡した、と言う。聞いてみると、たしかに興味深い内容だった。以下に記しておく。

なんでも嫁は、この日の早朝、夢を見て起きたらしい。方丈さん（檀那寺の住職）が玄関から入ってきて、屋敷のまわりや例の石などに水を撒いてまわる、という夢だった。だから、私たちが今から水を撒かせてほしいと言ったときには、あまりにぴったりだったので驚いて、ものが言えなくなってしまった。そして、石に水をかける場面まで夢のとおりで、鳥肌が立った。はじめは、夢で見たのは方丈さんだと思い込んでいたが、ちがう、あれはほかならぬ私（著者）の姿だったと気がついた、という。この話をしながら、嫁は、甥の病気をめぐって抱いていた後悔の念を口にした。

そのときである。嫁の心情にほだされたのか、おばさんのほうも、それまで誰にも語れなかった秘密を嫁にはじめて打ち明けたという。嫁の気持ちは私にもなんとなくわかっていたが、このおばさんの告白には驚いた。母親（嫁にとっては大姑）の亡くなった日、まだ生きている母親を最後に見たのは、じつはおばさん自身だったというのだ。おばさんの記憶によると、そのとき母親はいたってしっかりしていた。最後に交わした会話のなかでは、亡き親も夫も、そして戦死した子どもたちもいっこうに自分を迎えにきてくれない、と嘆いていた。

それから、おばさんが畑に行って農作業をして帰ってみると、母親は自死していた。おばさんは、あまりの衝撃に、母親の姿の最後の目撃者が自分であることをみなに言う機会を逸したという。母親の話題はいつしかタブーになって、そのまま今に至ってしまった。しかし、今回の嫁との電話で、おばさんはようやくほんとうのことを話すことができたのだ。

それだけではない。おばさんは、当時やってきて間もなかった嫁が母親（大姑）の自死になにがしか責任を感じて気に病んできたのではないか、という懸念も抱いていた。そこで、思いきって嫁にこう伝えた。母親は嫁に対する不満などこれっぽっちも抱いてはいなかった。母親はよそから嫁いできた人だが、その場にいない者の悪口ばかり言う井戸端会議には加わらないと決然として言いきるような、頭のよい、筋を通す人だった。母親は、きちんと生きて、きちんと死にたかっただけなのだ、と。

おばさんの話を聞きながら嫁が思い出していたのは、家に入ったばかりで右も左もわからなかった自分が大姑からどれほどかわいがられたかだった。そして、事実を言い出せないなかでもずっと心配してくれていたおばさんの気持ちをありがたく思ったようである。嫁の実家にもじつはいくつかもめごとがあって、諸般の事情により、それらについても嫁が対応せざるをえない状況にある。嫁は信心が深いが、あっちでもこっちでも災難続きである。しかし、今回のことで「なんだか、すーっと晴れた感じがする」と電話口でおばさんに語ったという。

法力に関してここで言えること

この御土砂にまつわるできごとは、深層心理学的な臨床事例のプロセスに近いように感じられる。法力として働く何かと臨床の場で私たちを助けてくれる何かに共通点があることが暗示されているのだとすれば、非常に興味深い。そこでは、法力のおよんだ者に起きることを私自身も部分的ながら直接経験しているので、本書が目的とする考究をさらに進めるのに役立つだろう。

このできごとが臨床事例のプロセスを髣髴とさせるのは、おそらく、展開のなかで時間を超えた変容が生じているからである。時間の助力を得ること、もっと詳しく言えば、時間のパラドックスが持つ治療的な働きを活かすことは、心理臨床の基本であるのみならず、深層心理学的な心理療法における要諦の一つでもある。せっかくなので、法力の検討そのものからは若干離れてしまうが、ここで少し心理療法の話をしよう。

「心理臨床の基本」における時間に関する側面というのは比較的単純で、目の前の問題の短期間での解消に躍起にならず、じっくり時間をかけて、より総合的な観点からその本質を捉えて改善を図ることにある。急がば回れ、である。たとえば、不登校という問題の場合、とかく登校できるようになることを目標にしがちだが、それは誰にとっても納得しやすい反面、しばしばその場しのぎの対処に終わって、将来に禍根を残す。

行動の変容（この場合は不登校から登校への変化）だけに焦点を絞って、その早期の実現を目指す方法はいくらもある。たとえば、転校する、親戚の家から通わせる、といったことである。しかし、たとえそれが奏功して、その場では登校可能になったとしても、もともとの不登校の背後にあった問題の根幹は手つかずのまま残ってしまう。そのため、遅かれ早かれ、不登校は再燃する。すると、病いは膏肓《こうこう》に入りかねない。本質を見据える作業には時間がかかるのだ。

一方、「深層心理学的な心理療法における要諦の一つ」としての時間に関する側面は、もう少し複雑である。じっくりと本質を見据えることについては「心理臨床の基本」と同じだが、ユング派の心理療法では、機が熟すのを待つなかでつねに布置を読み、共時的な現象を捉えて最大限に利用する。集合的無意識と諸元型の働きに意識を向け、リビドー（心的エネルギー）を注ぎ続けていると、かならずやそういうことが起きる。

諸元型それぞれがなにがしかの布置を生じさせ共時的現象を引き起こすのだが、なかでも、それらを総合的に統括している中心の元型、すなわちセルフが本格的に働けば、自我にはない超越的な力を発揮することになる。心に本来的に備わっている自然治癒力の発露である。思いもよらぬハプニングやアクシデントはその現れであることが少なくなく、変容のプロセスにおける重要な転機となる。

　第五章でも述べたように、あとで振り返ると、布置ははじめから仕組まれていたかに見え、共時的現象はあまりにもできすぎているとさえ感じられる。しかしながら、人の深い変容が生じるときというのは、概してそうである。私たちは布置や共時的現象を意図的に生じさせることはできないが、その発生を信じて待つことはできる。すると、因果的につながった諸事象が時間軸に沿って流れていくなかに、非因果的な連関を持つ諸事象が同時に横並びで現れ出てきて、私たちの視野を構成し直す。

　効率的な行動の変容ばかりを目指していると、ハプニングやアクシデントが起きるのを待てないし、そもそもそういう事態が持つ価値に思いを致さなくなる。突発的事態に遭遇するチャンスの芽を摘んでしまう。chance は「好機」と訳されることが多いが、「偶然の符合」も意味する。共時性を無視することとチャンスの芽を摘むこととは同義である。行動の性急な矯正は、長い目で見ると災いを招く。

　だからといって、手をこまねいて待っていればよいわけではない。ぼんやりしていてはだめである。人事を尽くして天命を待つ。その方法はさまざまあってよいが、とにもかくにもリビドーを注ぐことが肝要である。日本人ではじめてのユング派分析家、河合隼雄は、「何もしないことに全力を尽くす」と言った（河合・谷川、2004）。けだし、名言である。そのようなリビドーの注ぎ方があってもよいではないか。

そういえば、和尚は、「拝み込まれたものはちがいます」と語り、次のような例をあげた。和尚の実家の寺には、弘法大師作とされる「拝み込まれた」仏像がある。子ども時代の和尚が、ある日、母親と外の用事から帰ってきたら、「庭でひとり勝手にきりきり舞いしている」者がいた。留守だった寺に泥棒に入った男だった。盗んだ物を抱えて逃げようとしたところ、そのような状態になってしまったらしい。ことほどさように、リビドーが注がれたものはちがうのだ。しかるべき秩序と調和を生ぜしめる。

私たちがリビドーを注ぐべき先は無意識である。仏像を本気で拝むことによってでも、葛藤を静かに抱え続けることによってでも、深く心を捉えるものを探すことによってでも、それはできる。焦りに焦って目の前の行動の変容だけに関心を奪われているのでなければ、リビドーはおのずから無意識に、とくに集合的無意識に向かうだろう。昔話「竜宮小僧」はそのあたりの事情をよく教えてくれる。爺が山で柴刈りをしていたが、淵の水が渦巻くのがおもしろくて、三か月ほど刈りためていた柴を次々に投げ入れてしまった。すると、突然、淵の底にある水神の屋敷に招かれ、幸運を呼ぶ童を土産にもらった。リビドーを注ぐ、とはそういうことである。

集合的無意識に注がれたリビドーは、諸元型に生命力を与える。場合によっては、中心の元型であるセルフにまでも届く。セルフから返事がある保証はもちろんないし、計算づくではお話にならないが、真剣かつ敬虔な自我に対しては応答があるかもしれない。その応答は布置や共時的現象を介してなされる。歴代の高僧や和尚によって「拝み込まれた」御土砂なら、すでにとんでもない質と量のリビドーが注ぎ込まれている。私たちはほんの少しのリビドーを注ぎ足すだけでよい。ことあらば応答したくてうずうずしていたにちがいないセルフは、そこに、個人という垣根をも超えて新たな全体性を実現しようとするだろう。

子どもの心には原初の全体性があるが、混沌としている。そこでは何もかもがボーダーレスに融合しており、ユングが文化人類学者L・レヴィ－ブリュール（Lévy-Bruhl, 1912）の術語を援用して説く、神秘的融即《ゆうそく》と呼ばれる状態にある（Jung, 1997）。「私」と外界の諸要素とは浸透し合って境界も定かでない。言うなれば、草木が言問う世界が経験されている。その後、長ずるにおよんで心はある程度まで構造化され、仮の秩序ができあがるが、なおも神秘的融即の名残りは目立つ。「私」にはいまだ集合的な価値の物差ししかなく、個になりきれていない。しかし、そのとき充分なリビドーがセルフに注がれれば、内外のいっさいの諸要素が独自の新たな秩序のもとで配置され直すことになる。

こうしたプロセスを繰り返して、個としての秩序をもった全体性が実現されていくことになる。人生には、そういうチャンス（好機、偶然の符合）の訪れるときがある。本章のエピソードにおいては、何代にもわたって持ち越されてきたタブーがあり、それは処理不充分のまま「開かずの扉」の向こうに封印されていた。複雑な陰影をともなう関係性のなか、誰もが口裏を合わせた共犯者のように沈黙を守り、表面的な静けさは保たれてきたが、不幸の積み重なりもあって、状況はもはや限界に達しつつあった。そこに、偶然、拝み込まれた御土砂がもたらされた。あとはみなの気持ち（リビドー）がわずかずつ加われば足りる。

すると、あれこれがいっせいに動き出す。新たな布置のなかで、おのずからもつれは解《ほど》けはじめた。目に見えない共時的な動きが生じていたことは、夢に現れた符合にたやすく見て取れる。ものごとは浄化され、すべてがあるべき姿であるべきところにあらためて配置されて、しっくりとおさまった。そして、自由になった。高く何度も旋回して去っていった鳥は、扉を開け放たれてやっと心置きなくあの世に旅立つ死者の魂を思わせる。

中心化と全体性を目指す心本来の特性は、中心志向性、中心向性などと呼ばれている（Neumann, 1971）。新たな全体性には、神秘的融即とは似て非なる、高次の融即がある。諸要素が未分化に絡まり合った前者の状態からいったん分化したあと、中心のまわりであらためて整然たるネットワークを形成して一つになっているので、後者はすぐれて曼荼羅的と言ってよい。高次の融即は融通無碍《むげ》である。神秘的融即が意識の未成熟や退行に関係があるのに対して、高次の融即は意識の拡大と深化により生じる（老松、2020）。拝み込まれた御土砂は、そのような方向への発展をみごとに促進してくれた。

ユング派の分析家は、アナリザンドの内外に新たな全体性の構築に向かう兆しが現れたら、固《かた》唾《ず》を呑んで成り行きを見守る。それまでの多かれ少なかれ未分化な融即が終焉《しゅうえん》を迎えるのは深刻な危機的状況でもあるからである。いかに仮そめの秩序であったとしても、いかに不安定な安定であったとしても、無用ということはない。そのようなとき、人は、心の深層に内蔵されている力によっておのずから導かれる。そこはトランスパーソナルな変容への臨界点。驚くべき救いや癒し、高みへの飛躍が起きるか、それとも急激な状態の悪化が起きるか、その分かれ道である。

本章のエピソードにおいては、「新たな全体性の構築に向かう兆し」が、浄めの水を撒く夢など、布置や共時的現象を通して関係者に広範に見られた。そして、辻褄《つじつま》がすっかり合ったことが不意に明らかとなり、誰もがヌミノースムに圧倒された。全体性が刷新されるときの駆動力はそれほど強烈で、そこにはあらゆるものごとの生き生きとしたつながりが現れる。和尚なら「いのちの輝き」と言うだろうか。私は、おばさんの「晴れ晴れとした表情」や嫁の「すーっと晴れた感じ」という言葉のなかに、そのような輝きの一端を垣間見《かいまみ》た気がしている。

第九章　再びユング心理学に照らして——ほんとうの自然

法力の特殊性をどう考えるか

　前章まで、和尚の法力にまつわるエピソードを順に紹介しつつ、そのつどユング心理学の立場から短い注解を付してきた。最終章では、注解で述べた内容を精緻化しながら、法力の深層へと歩を進めてみたい。ただし、当初から断っているとおり、本書の目的は、法力の作用の因果論的解明ではない。法力は共時的に経験されるものである。まずは、法力のいかなる特殊性に注目すべきかを押さえておきたい。

　この点をめぐっては、和尚がくりかえし語っていた言葉を思い出さなければならない。和尚は自身の法力について「特別なものじゃありません」と語り、誰のなかにも生まれたときからあるのに我《が》の働きが発現を邪魔していると言う。和尚は、例祭に集う信徒にも、そして私にもそう語る。その際の語り口がいつも非常に熱いのが印象的である。和尚の言はただの謙遜とは思えない。それくらいの確信が伝わってくる。

法力にはほんとうに特別なところがないのだろうか。それは私たちの一般的な捉え方とはずいぶん異なっているように思われるのだが……。ちなみに、ユングは、共時的現象と関連の深い超感覚的知覚（ＥＳＰ）を観察した結果として、一九六〇年のＡ・Ｄ・コーネル宛て書簡で興味深い見解を述べている（Jung, 1973/1976）。今から少し紹介する。和尚の言と比べてみてほしい。

ユングによると、多くの場合、そのような能力を持つ者がとくにすぐれた知覚機能を有しているわけではない。ちがいは、個人に特殊な能力が備わっているかどうかに存するのではなく、そこで起きる現象そのものにあるという（Jung, 1973/1976）。つまり、和尚と同様、共時的現象を引き起こす特別な能力があるわけではないとするのだが、そうした現象の特別さ自体は認める立場なのである。では、共時的現象はどのように特別だというのだろうか。

たとえば、予知や透視の内容と現実とが一致した場合、それは「超常的」とは言えるだろう。なんとなれば、ユングによれば、常に起きるわけではないことなのだから。共時的現象はその点では特別である。しかし、ユングによれば、「奇跡」と呼ぶにはあたらない（Jung, 1973/1976）。そのような類いの特別さではないのだ。共時的現象はきわめて例外的なできごとと見るのが正確であり、かつふさわしい。起きえない現象が起きたのではなく、非常に稀にしか起きない現象が起きたというわけである。

つまり、生起する確率がほとんどゼロで、計算上は数十年に一回とか一〇〇年に一回とか、ことによると何万年に一回しか起きえないような符合が、思いがけず、まさに今ここで起きた、と見なすことになる。生起する確率がいかに小さくとも、ゼロでないかぎり、その現象はいつか起きる。いやでも発生せずにはおかない。なぜ今ここで起きたのか、どうしてこの人の前で発生したのか、という問題は残るにしても。

そうした符合が生起することは、もちろん、一般的でもなく、平均的でもない。しかし、それは奇跡とはちがう。私たちは、因果律に従う事象はいつでも一般的で平均的な発生の仕方をする、と思い込みがちである。たくさんのデータを集めてみれば、それがまちがいであることはすぐにわかるだろう。因果律から逸脱しているように見える事象、つまりはずれ値や例外は、少ないながらもかならず出てくる。

因果論の使い勝手のよさは、はずれ値や例外を便宜的に存在しないものと見なしていることに由来する。しかしながら、因果関係の証明に用いられる統計学はそういうものの存在を容認している。いや、容認どころではない。ユングの言葉を借りるなら、「確率の考え方は同時に、ありそうもないこととの存在をも前提としている」(Jung, 1973/1976)。そのとおりである。「ありそうもないこと」の存在を認めないのであれば、わざわざややこしい確率計算をする必要など端《はな》からない。

共時的現象は、統計学がその存在を認めている「ありそうもないこと」の範囲内に含まれている。「ありえないこと」ではなく、「ありそうもないこと」。生起する確率が極端に低い例外である。

る。共時的現象になにがしか特殊性があるとすれば、そのような水準における特殊性と言えるだろう。「ありえないこと」ではない点に注目するならば、和尚が法力をめぐって述べているように、特別ではないと考えることもできる。

なお、因果律はかならずしも原理や公理ではないとする立場もある。つまり、統計学的な蓋然性が高い法則にすぎないとも見なしうる。因果律の地位が相対化されれば、共時律の働きが気づかれることも多くなるだろう。ユングは共時的現象について、「空間、時間、因果的関係が公理ではなく単なる統計的真実であるような条件下で「起きる傾向がある」」と述べている（Jung, 1973/1976）。これはそのあたりの事情と関係がある。

共時的な事象は例外ないしはずれ値であって、稀なことではあるとしても存在が認められている。逆に言えば、因果性だけでは捉えきれない、できごとの裂け目のようなものがところどころにあるわけである。共時性はそうした統計学的な因果関係から逸脱した事象を細かく掬《すく》い取り、因果性の盲点を補償する。両者が合わさってはじめて全体像を捉えることが可能になるのだ。何の全体像かといえば、要するに、自然現象の全体像である。

共時的現象は自然現象の重要な一部になっている。そして、当たり前に起きる。前にも述べたように、この現象の生起については just-so-story と表現されることがある。ニュアンスとしては、「そうであるとしか言いようがない」という感じとともに、やはり「ただそれだけのこと」という含意もある。まさに言いえて妙。共時的現象は、滅多に起きないがゆえに特殊だが、同時にごく当たり前のことでもある。

法力の発現にまつわる元型的状況

法力を含む共時的現象の発現のメカニズムを因果論的に説明することはできないにしても、その種の現象が生じやすくなる条件や発現に至るまでの流れを大雑把《おおざっぱ》に示すことなら可能である。いくぶん図式的な説明になるが、これまでに本書のあちこちで少しずつ述べてきた内容を今一度拾い集めて再構成してみよう。おさらいしてみると、案外おもしろい発見もあるかもしれない。

思い出してほしいのだが、共時的現象の発現の鍵となるのは、類心的な性質を有する諸元型の活性化である。ひとたび元型が活性化されれば、その類心性にもとづいて、心と身体、あるいは心と物、ときには物と物のあいだに、なんらかの照応がある（ように感じられる）複数の事象が生起することになる。ならば、元型が活性化されるのはいかなる場合かというと、何か非常事態が発生したときと考えられている。

非常事態の例として、ユングは、生命が危険にさらされるような状況、あるいは情緒的緊張が極度に高まる状況をあげている（Jung, 1973/1976）。生命の危険となると、トラウマ的な状況などはその代表である。災害や戦争に巻き込まれたり、重い身体疾患や深刻な外傷、もしくはそのような病気や怪我に対する侵襲的な治療を経験したり、予期せぬ暴力や虐待の対象になったりすることは、昔も今もそう珍しくないかもしれない。

一方、情緒的緊張の高まりとは、激しい憤怒や血も凍るような恐怖や底知れぬ絶望でいっぱいになった状態を指す。重篤な神経症や精神病においては、稀ならず、そのような情動に襲われる。ただし、情緒的緊張といっても、かならずしもネガティヴな感情にまつわるものとはかぎらない。ポジティヴないしニュートラルな情動の極致も含む。たとえば、深い法悦や熱い歓喜に包まれる瞬間、言いしれぬ畏怖におののく場面などである。

これらの事態は、自我や意識の通常の対処能力の限界を超えている。自我はなす術《すべ》を知らず、無力さを露呈する。いわば、意図せず、「我の働きをなくす」状態に追い込まれることになる。たとえば、先ほどもあげた、災害や戦争、致死的な病いや不慮の事故といった状況は、人類が有史以前からしばしば遭遇してきた典型的な危機であり、そこで生き残り、なんとしても生き延びることはつねに重要な課題だった。そのどれもが元型的な事態だったと言ってよい。

まさに、そのとき、本能的な心のメカニズムが発動する。ユングによれば、元型的状況になるとそれに対応する元型が活性化される。自我や意識が対処できないところでは、その働きの不充分さを補完するために、元型が不意に介入してくるのだ（Jung, 1973/1976）。たとえ個人としてははじめて遭遇する未知の事態であっても、自我や意識が発生するはるか前から存在していた集合的無意識とその構成要素である諸元型は、太古の昔から変わることのない永遠の知恵を提供できる。和尚の法力にまつわる四つのエピソードにおいて、それぞれ、いかなる元型的状況がしかるべき元型を活性化したのかを考えておこう。まず、和尚が某国の戦闘機を引っ張ってきたとされるエピソードである。このときの共時的現象の土台となった元型的な状況を考えるには、和尚が長らく抱えてきたいくつかの強い思いに注目する必要がある。とくに重要なのは、以前から和尚がわが国の守護を自身の最大の務めと心得てきたことである。

背景には、むろん、真言宗が鎮護国家を旨としていることがあげられる。和尚は同宗の寺の生まれだから、その教えは幼少期より深く刻み込まれている。少年時代から青年時代にかけては戦時下で、和尚は、焦土と化したこの国と同様に、みずからの心身にけっして消えることのないトラウマを負った。けれども終戦後、さる皇族らから、明治期の廃仏毀釈運動以来ないがしろにされてきた仏教の再興を請われ、さらにはわが国の精神的再起と霊的な守護を託されたことは、和尚の使命感をいやがうえにも高めた。

和尚にとって、日本は唯一無二である。弘法大師空海を生んだというにとどまらず、密教が根づき、皇室の宗教にもなって（すでに述べたとおり、代々の帝《みかど》は真言僧でもあった）、他に類を見ない文化の醸成を見た稀有な国なのだから。その意味で、本来のわが国はかならず守られる必要がある。ひとり日本人のためだけではない。和尚によれば、日本は、世界の平和と発展、人類の進化に寄与しうる、例外的な国なのである。

国の守護に身命を捧げるという和尚の覚悟には、筆舌に尽くし難いほど強いものがある。卒寿を過ぎてなお、毎日、早朝から深夜まで、そのための務めを欠かさない。若き日の和尚は山に野に起き臥ししながら全国津々浦々まで旅しているから、国土全体がわが身のようなものである。この国を守護することは、和尚にとって終生の「大きな欲」の一つにほかならない。

あの東西冷戦の時代、某国の戦闘機の件が和尚の目にきわめて深刻な問題として映ったことはまちがいない。放置すれば、均衡は一気に失われる。世界の平和もわが国の存立も脅かされかねない。文字どおり、危急存亡の秋《とき》である。和尚には、国魂《くにたま》の危難とも感じられたことだろう。先の戦争で斃《たお》れた者たちの声なき声、生き残って深い傷つきからようやく立ち直った者たちの平安と息災への願い。和尚を突き動かすに足る元型的状況がたしかにあった。

では、治病のエピソードについてはどうだろう。治病は、弘法大師をはじめ、偉大な聖者の元型的な仕事の一つである。私は和尚に、助かるはずのない人でも助かるのか訊いたことがある。「はじめのうちはそういうこともしましたけど、あとがほんとにたいへんでした。だから、それからは、運命をねじ曲げるようなことはしてません」との答えだった。一度は助かった人も結局は不幸になり、和尚にまで災いが降りかかったらしい。

和尚自身、過酷な行を繰り返し、何度も死線を彷徨《さまよ》った人である。医師から絶望的だと言われ、みずからも死を覚悟したときには、心のなかで「自分がこれから何か役に立つことがあるなら生かしてください。ないならこのまま死なせてください」と諸仏に願った。そして、新たな生命を与えられた。その後の遍路以降、生のスケールがまったく別次元になっている。末期癌から生還したVさんも述懐していたように、重い病気になるのには理由や意味があるということなのだろう。

死に瀕する危機は、生まれ変わるための最大の好機となる。そのとき、不幸にも、実際に生命を落としてしまう人は多い。思うに、和尚がしているのは同行二人——生まれ変わる必要のある人に寄り添い、象徴的な次元での死出の旅に同道すること——なのかもしれない。さすれば、絶後におのずから甦る。象徴的な次元では、死と再生とがワンセットになっているからである。助かってもよい人、助かるべき人は、おのずから助かる。そして、変容する。Vさんの例が教えてくれるとおりである。

高次の融即のなせる業

そのとき、重要な役割を担うのが、「死と再生」を繰り返してきた和尚自身の身体である。当初は師匠から課された行により、そしてその後はみずからが課した行により、過酷な試練のなかで負った人工的なトラウマ。その深傷《ふかで》を超越的諸力から癒されてきた和尚の身体は、それ自体が一つの象徴としての力を持つ。前にも説明したとおり、象徴は対立し合うものを結びつけ、矛盾や葛藤を両立可能にする。不可能を可能にするのである。和尚という生きている象徴が、人間と神仏を一つにし、生と死を架橋する。

ユング派で重視する「傷ついた癒し手《ヒーラー》」という象徴を地で行くのが和尚である。傷つき癒された者だけが、同じく傷を負った者を癒すことができる。「似たものが似たものを癒す」のである。生きている象徴がそこにあるなら、それは発動せずにはいない。深く傷ついた存在との出会いは、和尚の身体に刻み込まれている危急の状況の記憶を呼び起こし、生き残るのに必要な元型を活性化させる。それが再生をもたらす。

和尚のそうした生きている象徴(何度も傷ついて癒された心身)は、治病のエピソードにおいてと同じく、温泉や金鉱の透視のエピソード、死者との関係性の浄化のエピソードにおいても不可欠な役割を担っていたにちがいない。人は傷ついて癒されるとき「死と再生」を経験するが、そのつど心身の全体が再構成される。そして、再構成が繰り返されるたびに、混沌とした粗大な全体から網の目状の精妙な全体(帝網)と化していく。このネットワークが働くと世界の見え方は一変するのだ。

すでに述べたとおり、意識の融解をともなう粗大な全体性の体験が神秘的融即(低次の融即)であるのに対して、意識の拡大や深化をともなう精妙な全体性の体験は高次の融即と呼ばれる。和尚の水脈や鉱脈の透視は、低次か高次かはさておき、なんらかの融即の状態を基盤としているものと思われる。和尚と草木、鳥獣、岩石、風雲が結びついて一つになった状態である。そのような状態になれたなら、山で起きているあれこれについて知ることはたやすい。それらは自分のなかでのできごとに等しいからである。

ユングは野生の大地を幾度も旅したことがあり、そのときの経験をもとに次のように述べている。「私はこう信じています。……多くの毒草や薬草は、経験によってではなく、その対象からの示唆によって見出されたのだ、と。なぜかというと、未開の人たちが、木々があれやこれやを語っていると言うとき、そのことはほんとうであることが多いからです」(Jung, 1997)。

たしかに私たちも、昔の人はどうしてこんなことがわかったのだろう、と不思議に思うことがある。じつは、それは実験の成果ではない。自と他が未分化で融合している状態にあった人間は、物自身からその物の性質をほのめかされたり、扱い方を指示されたりしていた。ユングは、原始的な無意識が完全に外的な物のなかにある場合、それは驚くべきことを成し遂げる、と指摘している。はじめて見る茸《きのこ》に毒があるかどうかなど、食べてみずとも当たり前にわかるのだ。

ユングのこの指摘は、退行的な神秘的融即の効用を述べている。一方、和尚のエピソードに関しては、高次の融即も考える必要がある。和尚は、若い頃からずっと、過酷な「死と再生」のなかで三業を三密に高めるべく行を続けてきた。つまり、身と口と意を完全に一致させるという、全体性に関わる至難の業を極めている(その到達度がわかるのは弟子だけかもしれない。W住職の証言を信じよう）。そこにあるのは薄明の意識ではない。長年の行により培われる、我の働きを離れた澄みきった意識である。

和尚にとって、入我我入の相手が、今宵の茵《しとね》たる野宿の洞穴になろうと、五万分の一の地図になろうと、どれほどのちがいがあるだろうか。なにせ、断食中に土中に水分を見つけて皮膚から吸収しようとしたり、緊急手術で取り出された自身の数百個の胆石の数を病床で正確に言い当てたりした和尚である。ユングは共時的現象の本質に知覚能力はあまり関係ないと言っているが、和尚の高次の融即にもとづく感覚はやはり無視できない。

死者との関係性の浄化のエピソードについても、元型の活性化に結びつく要素はあった。あのときには和尚の御土砂が鍵になったのだが、それは高速道路の死亡事故多発地点などでも力を発揮したという。ふだんはさほど先祖供養に言及しない和尚が、こと御土砂に関してはしばしばこの話題を語るのは印象的である。だから、本書ではこの法力を死者との関係性の浄化と呼んでいるのだが、死者と土にはたしかに元型的なつながりがある。

今でこそ火葬が一般的になっているが、少し前までは土葬が多かった。遺体は、平たい箱型の棺にではなく、まさに棺桶と呼ぶにふさわしい筒状の座棺に納められた。墓地の狭小さゆえ、縄で括った遺体を小さな桶に押し込めなければならない。その際に御土砂で死後硬直を解く作法があった（高橋、2021）。やわらかくなれば、遺体の骨を数人がかりでバキバキ折らなくてもすむし、死者も安らかに旅立とうとしているように見えたろう。埋められたあと、遺体は土に還る。そして、いつの日か、やはり土の力で再生してくると信じられていた。

さらに遡ると、土葬以前、遺体は山野に放置されていた。風葬あるいは曝葬《ばくそう》、いわゆる野ざらしである。京都の鳥辺野《とりべの》や蓮台野は、平安時代、すでにそうした風葬の地になっていた。疫病の流行時や戦《いくさ》のあとなどには、鴨川の川原にも、多数の死体が折り重なって放置されていたという。いつの時代にも、土が死者を受け入れてくれたのである。それは、すべてを生み出すとともに、すべてを呑み込む、巨大な母胎と見なしうる。

御土砂という呪物の存在は、私たちが土からできているという認識に支えられている。断食を長く続けていると身体から腐敗臭がしてくる、と和尚は言う。まだ生きているはずの身体でさえ、不断に死に続けていて、つねに土に還ろうとしている。だから、ある種の土が、情動価の高い状況下で、私たちのなかに眠っている元型を不意に活性化してもさして不思議はない。生と死の境界で対峙する、死者の妄執《もうしゅう》と生者の慚愧《ざんき》。土が呼び覚ます元型には、そのあいだを取り持つ力がある。かつて大師の身体の一部だったかもしれない御土砂ならなおのことにちがいない。

ほんとうの自然

和尚の法力にまつわる四つのエピソードをめぐって、それぞれ、元型の活性化をもたらしたと思われる状況や事態を考察してきた。いずれにおいても、厳しい行による人工的なトラウマと超越的存在によるその癒し、すなわち「死と再生」がくりかえし刻み込まれてきた和尚の身体という生きている象徴の働きが鍵になっているようだった。これは特筆すべき点である。

元型の活性化は、布置の発生や共時的現象の生起につながる。ただし、本章の冒頭にも述べたとおり、その仕組みはブラックボックスのなかにあって、見ることも触れることもできない。合理的な説明や理解では歯が立たない。私たちにわかっているのは、共時的現象はごく稀にしか起こらないけれども自然な現象にほかならないということだけである。だが、ユングのこの指摘には意外と深い含蓄があるように感じられる。

思うに、私たちが目にしている自然、経験している自然は、じつはその全体像からは程遠いものなのではなかろうか。共時的現象は、たしかに、たまさか観察されるだけである。しかし、もしも自然がほんとうの自然になったなら、極端に例外的な事象も当たり前に起きるかもしれない。因果論の有用性に目を眩《くら》まされて視野のほとんどを覆われてしまっている私たちにとって、自然の現れはきわめて限定的なのではないか。そう思われてならない。

一口に「自然」と言ってもさまざまな括りがあるわけだが、ユング心理学の立場から見れば、諸元型を含む無意識こそが自然にほかならない（Jung, Pauli, 1952, Jung, 1973/1976）。とりわけ、無意識の大部分を占める集合的無意識は、時間や空間に縛られることがなく、意識野の外に広がる涯ても限りもない領域である。すなわち、「ほんとうの自然」の時空は永遠と無辺。しかし、私たちが経験する日常的な自然は、物理的な時間と空間によって切り取られたごく一部にすぎない。私たちには自然のほとんどが隠されている。

現在の臨床心理学のメインストリームは、その「ごく一部」、つまり目に見えるわかりやすいところしか扱おうとしない。心に因果律を当てはめて、合理的にわかるところだけを引きはがし、残りの部分からは目を背ける。文字どおり、心ない態度である。しかし、ユング派の心理療法ないし心理分析では、そのような御都合主義の姿勢はとらない。とりわけ、面接の展開における一回性、例外性、偶然性、事例性をたいせつにする。

しばしばそこに共時的現象が入り込んでくる。まことに不思議なのだが、心理療法のプロセスをじっと観察し続けていると、稀にしか生じないはずのことが、じつは手を変え品を変え、わりあいよく起きていることがわかる。和尚のようにはいかずとも、腰を据えて集中を切らさずにいれば、共時的現象は起きるようになる。もちろん、布置を見出し意味を感じ取るセンスは欠かせない。経験的に言えば、そのような風通しのよい意識の前では、自然がみずからのほんとうの姿を見せようとする。

自然はつねに「ほんとうの自然」になろうと努めているかに見える。そういえば、ユングはよく、無意識はみずからを克服しようとする、と指摘していた（Jung, 1997）。自然そのものである無意識は、私たちの浅薄な認識がどうであれ、超越的な力を内在させている絶対の実在なのだが、その無意識が、今のままではいけない、この無意識的な状態から脱したい、と真剣に苦悩して試行錯誤し続けているというのである。

では、意識が自然に対して持っている意義とは何なのか。ユングが一九二〇年代にいまだ人跡の稀だった北アフリカの奥地に向けて長い旅をした際のできごとが参考になるかもしれない。ある日、彼は、見はるかすサバンナに思いおもいに群れている獣たちを目にし、永遠のはじまりがもつ静寂を聞いていた。そして、突然、天啓にも似た一種の閃《ひらめ》きを経験する。ユングは次のように語っている（Jung, 1971/1987）。

「私は同行者が見えないところまで離れていき、たったひとりいる、という感じをもった。そのとき、私は、これが世界であることを知った最初の人間だった。（中略）ここで、私には、意識することの宇宙的な意味がおそろしいほどはっきりしてきた。Quod Natura relinquit imperfectum ars perficit.〔自然が不完全なまま残したものを術が完全にする——ある錬金術師の言葉。〕人間、つまり私が、目に見えない創造的行為で世界を完成させる。すなわち、客体としての意味を与える」。

意識は自然（ユングはここで「世界」「宇宙」とも呼んでいる）に意味を与え、完成させる。自然を自然たらしめるのだ。それは退行的な意識にはけっしてできない。ユングが最晩年（一九五九年、亡くなる二年前）の書簡で述べている次の言葉からも、そのことがわかる（Jung, 1973/1976）。「人間の内省する意識がなければ、世界は巨大な、意味のない機械となります。なぜなら、私たちの知るかぎり、人間が唯一「意味」を発見できる生き物だからです」。

人間の意識には、世界に意味を発見して付与する使命がある。意味を付与されると、それは「機械」ではなくなる。意識というものをともなう世界とそれの存在しない世界とは質的にまったくちがう。ひるがえって考えて見ると、和尚の長年の行は、身体や無意識の彼岸までも射程に入れた探求を通して、自然や宇宙に秘されてきた大いなる意味を見出そうとする試みだったのかもしれない。和尚の帰命してきた密教は、中心的尊格にして宇宙そのものである大日如来に色身と意識を付与しようとする、まさに人間ならではの営みである。

自然に反する仕事

自然は「ほんとうの自然」にならないといけない。そのためには、意味を見出して付与しようとする、人間の意識が必要とされる。「ほんとうの自然」が解き放たれるとき、意味によってつながる共時的なネットワークの存在が明らかになるだろう。法力の現れとして理解される共時的現象は、そのような解放の動きが部分的に起きたこと、さらなる大胆な解放が必要であることをほのめかす兆しと言える。人間の使命は重大である。

ただし、それも、自然がみずからを克服しようとする傾向があってこそのことである。その点をめぐって、今一度、先ほどのユングの言葉に注目したい。そこでは一つの引用が鍵になっていた。「自然が不完全なまま残したものを術が完全にする」。「術」とは錬金術の作業を指す。錬金術では、卑金属（鉛）からの貴金属（黄金）の錬成、もしくはその前段階である哲学者の石（賢者の石）の獲得を目指したわけだが、それは不可能を可能にすることであり、世界の創造にも等しい所為と考えられていた。

ユングは晩年、錬金術を個性化のプロセスの記録と見て、多大な時間とエネルギーを注いで研究した（Jung, 1942, 1944, 1946, 1948, 1954a, 1954b, 1955/1956）。というのも、ユングの発見によれば、錬金術においては、物質の化学的変容過程に人間の心理学的変容過程が投影されたかたちで研究が重ねられていたからである（Jung, 1944）。これはユングの画期的な発見だった。錬金術師たちの語る言葉は非常に難解だが、すべて深層心理学的な変容を象徴的に表していることが明らかになったのである。

そのような錬金術師たちの奥深い言葉の一つに「自然に反する仕事《オプス》」（opus contra naturam）というのがある（Jung, 1954a）。じつは、これが「自然が不完全なままに残したものを術が完全にする」ことに密接に関係している。たしかに、鉛が黄金になることなど、通常、自然界ではありえない。自然に反している。にもかかわらず、錬金術師はこの不合理なオプスに挑む。さいわいにもオプスが成功することがあるとすれば、それは気まぐれな自然が恩寵《おんちょう》を授けてくれたときのみに限られる(Jung, 1997)。

この錬金術師の視点には、心底はっとさせられる。自然が自然に反する営みに力を授けることがあるというのだから。そこには、自然がみずからを克服しようとする姿を見出すことができるだろう。自然の反自然性というパラドックスである。自然はみずからを軛《くびき》から解放し、限界を突破して、さらなる自然、「ほんとうの自然」になろうとするのだ。人間は、その場に立ち会って意味を発見し付与することにより、自然を助ける役目を担う。

ユング心理学の観点から見れば、そもそも、人間の持つ意識そのものが反自然的な性格を有している(Jung, 1997)。自然は人間に明晰な意識を与えた。あるいは、無意識は鋭利な意識を生み

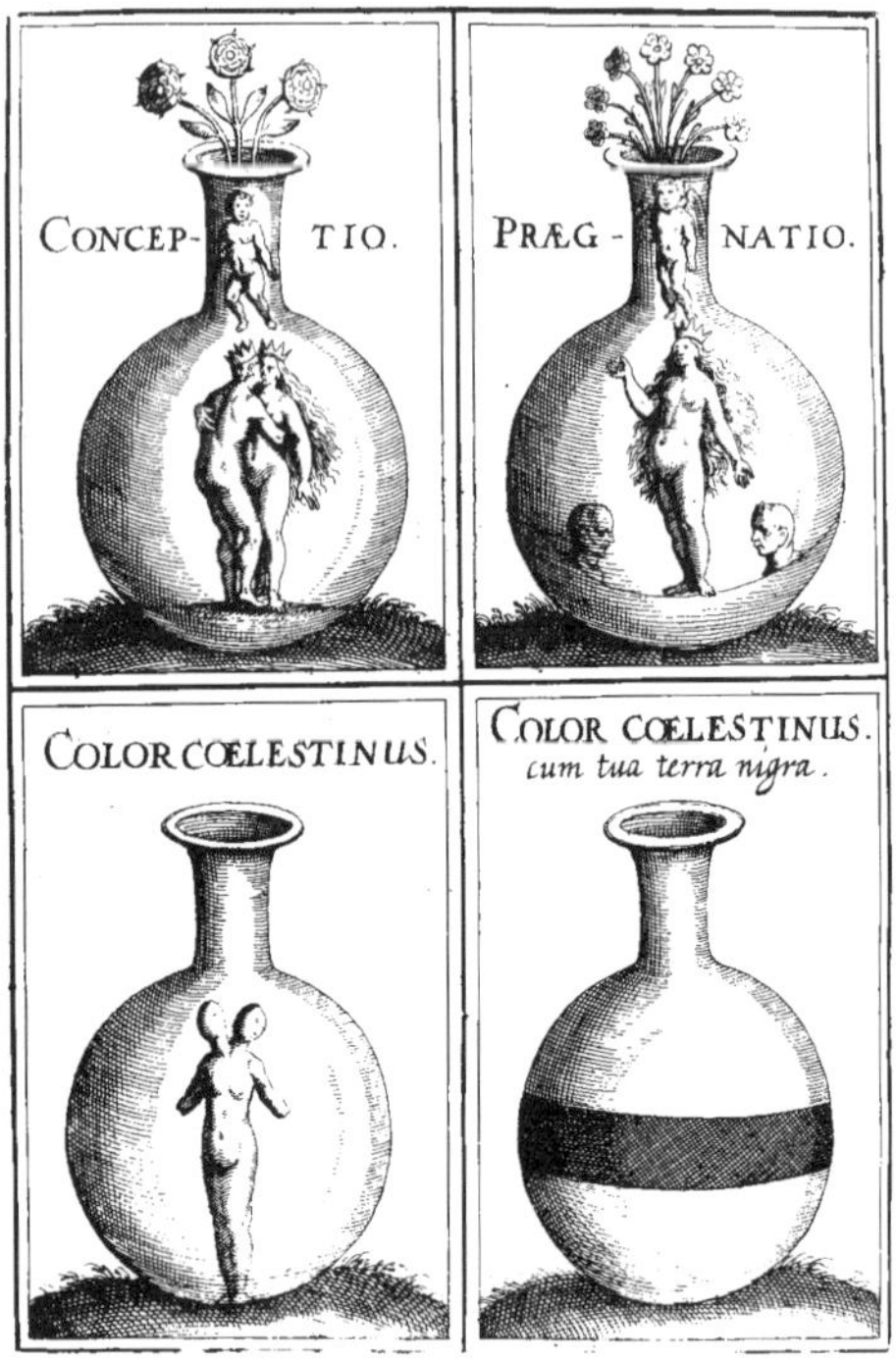

図15　錬金術のオプス　Klossowski de Rola, 1988より。

出した。ところが、意識の誕生は心の原初の全体性を損ない、旧約聖書なら失楽園として描くような状況をもたらした。そして、その後の意識の発展は、文字どおり、目に余る自然破壊を引き起こしている。それが今や、人類やこの星の存亡にも関わるほど、とんでもない規模のものになっている。

自然はなぜ、これほどの犠牲を払ってまで、人間に意識を与えるという反自然的な試みを行なったのか。それは意識の未来というものを信じてやまないからである。因果性にしがみつく現在の偏狭な意識は、いまだその発展の途上にあって、明晰さを獲得しはしたもののまったく融通が利かない。自然は、もともと限定つきで確立されたはずの因果論を相対化できるような、もっとやわらかい意識へと成長することを期待している。

それこそが自然による自然の克服につながる。やわらかい意識が見守る前で集合的無意識が暗黒の無意識的状態を超え出たとき、いったい何が起きるだろうか。真の全体性の成就である。それは個性化のプロセスの目的にもなっている。集合的無意識は途方もなく広大なので、その大部分は、個人の水準においても、人類の水準においても、いまだほとんど意識化されたことがない。

無意識の宇宙には、物理的な宇宙よりも多様な存在が満ち満ちている。なにしろ、無意識のなかにあるのは、この世的なあれこればかりではない。そこには、冥界もあれば、異界もある。今現在のみならず、遠い過去も、はるかな未来もある。四次元などは言うにおよばず、七次元も八次元もあるのだろう。当然ながら、そうしたさまざまな領域や次元に棲む多様な存在もいる。宇宙人どころではない。神や仏も、天使や天人も、餓鬼や亡者も、悪魔や悪霊も、妖精や精霊もいる。巨人や小人、龍や鳳凰、怪物やホムンクルスもいる。かつて人間のイマジネーションやヴィジョンのなかに現れたありとあらゆる存在は、本来、集合的無意識の住民たちである。いまだ意識化されざる者たちも多数存在するだろう。胎蔵（界）曼荼羅に諸仏や菩薩のみならず、異教の神々や悪鬼、死鬼までもが描かれているのは、だから納得がいく。

これら無意識内の無数の住民たちが、それぞれに存在と権利を認められ、要求が聞き届けられなければならないのは当然だろう。福祉と安寧を必要としているのは、意識の領域に住まいする者ばかりではない。無意識の住民たちもすべからく福祉と安寧を享受できるよう努めるのは、そこから生み出された意識の、あるいはその機能的中心としての自我の責務である（老松、2019）。その意味でも、私たちは、自我のための小さな欲ではなく、心全体のための大きな欲を持たなければならない。

錬金術は、集合的無意識の常闇《とこやみ》に意識の光を射し込ませる、まことに画期的な試みだった。もしも黄金が生成されることがあるとすれば、それはもちろん共時的現象である。自然が「ほんとうの自然」になり、例外中の例外が起きたのだ。ユングは、錬金術がユング派でアクティヴ・イマジネーションと呼ぶイメージ技法にほかならなかったと指摘している（Jung, 1955/1956）のだが、じつはアクティヴ・イマジネーションの実践中にも共時的現象が起きやすくなることが知られている（老松、2004b, 2016b, 2020）。

第六章では、トラウマを負った人に共時的現象が多いと述べた。また、第七章では、発達系に共時的現象が頻発することを指摘した。それら二つと並ぶ、共時的現象の多発する条件はといえば、アクティヴ・イマジネーションの実践なのである。錬金術の実態がユングの言うとおりアクティヴ・イマジネーションだったならば、その秘められたオプスのなかで卑金属から黄金ができるという共時的現象の発生が目指されたことには、何の不思議もなくなる。

本節であえて長々と錬金術の話をしてきたのは、丹生《にう》明神（水銀の神）に守られ銅の産出でも知られる高野山に道場を開いた弘法大師空海が、錬金術ないし煉丹術《れんたんじゅつ》にも深く通じていたと言われている（佐藤、1998）からだけではない。和尚の行の本質が錬金術のそれと重なるようにも感じられるからである。行において、山野を跋渉し生命を危険にさらして高次の意識を研ぎ澄ますのは、心身に秘められている反自然的な自然、「ほんとうの自然」を顕在化させるためなのではないかと私は思う。

和尚が、行がきわめて高度な段階に達したときに空港の手荷物検査場のゲートできまって引っかかるようになったことについて、「お経に書いてあるように、金剛の体になったのか」と語っていたのを思い出してほしい。金剛石は厳密に言えば金属ではないが、この堅固な石で象徴される永遠性は、錬金術が製造を目指す哲学者の石（賢者の石）のそれと同一視して差し支えない。そういえば、和尚は、なんでもない（と私には見える）山の石を拾い集めるのが好きである。寺の庭には太古の植物化石もある。和尚から見れば、世界は森羅万象それぞれにいのちの輝きが宿る曼荼羅であり、一つの石ころにも「ほんとうの自然」の顕現が感じられるのだろう。

天衣無縫

自然には法則性があるように見える。四季はめぐり、生き物の営みは続く。プレートの運動は地殻変動を起こし、峨々《がが》たる山脈を造ったり深い海溝を刻んだりする。氷河は時間をかけて谷を削り、流れる大河は平野を作る。月は満ち欠けし、潮は干満を繰り返す。かたちある物はいつか潰《つい》える。これらの現象はすべて物理学の法則に、それもほとんどは因果性に従って生起しているように見える。

しかし、私たちが理解していると信じ込んでいる対象は、おそらく自然そのものではない。あれほど強力な原理と思われる因果律でさえ、その支配下に置いているのは自然のごく一部である。私たちの自然に対する一般的な理解の仕方は、どれをとっても近似的なものにすぎず、都合よく切り取ってきた領域にしか通用しない。その点においては、ニュートン力学と因果律の絶対性を覆した相対性理論や量子力学も似たようなものである。

超マクロな領域や超ミクロの領域では、なるほど、因果律が成り立たない。とはいえ、超マクロな領域を支配する相対性理論も、超ミクロな領域を支配する量子力学も、通用するのは、基本的に切り取った領域においてのみである。これらの革新的な理論が、因果性を相対化するという意味で重要な役割をはたしたことはまちがいないが、私たちの目の前の現実のスケールにおける自然の理解に関しては、やはり古典力学におよばない。

つまるところ、自然の理解は、切り取り方の問題に行きついてしまう。そもそも、物理学physicsという語は、ギリシア語のphysisに由来する。これは、アリストテレスの*Physica*が『自然学』と訳されていることからもわかるように、本来は自然を意味する言葉だが、それが自然科学となり、ついにはその細分化を経て物理学のみを表すようになったのには、長い歴史がある。

そこに含まれる分断へのアンチテーゼとして、かつて一九八〇年代に今西錦司は「自然学」の復活を提唱した（今西、1984）。また、それに数年先立って松岡正剛も独自に「自然学」なる語を使い、細分化された近似的な自然理解を超えようとしていた（松岡、1979）。一九七〇年代の西欧における、『タオ自然学』（*The tao of physics*）のF・カプラ（Capra, 1975）をはじめとするニューエイジ運動も、流れとしておおいに重なるところがあった。

私の記憶では、そのような一九七〇年代からの思潮は一九九〇年代半ばあたりまでは続いていたように思う。この思潮は、分断され細分化された自然の解釈をまさにそのようなものとして正しく捉え直し、客観的な観察の視点という立場の本質的な曖昧さと非現実性に関する事実を広く知らしめた。そのことが非常に印象的だった。その源には、因果性によってばらばらに分断された自然を修復し再生させようとする思いがあった。

そのための主たる素材として用いられたのが、一つは、量子力学をはじめとする最先端の物理学とそれに付随する広義の哲学であり、もう一つは、ヒンドゥー教、仏教、タオイズムなどに含まれている神秘主義的な宗教思想である。この二つの領域を融合させようとする試み、あるいはその境界を超えようとする試みは、当時としてはたいへんスリリングだった。すでに亡くなっていたが、ユングもそうした思潮の担い手のひとりとして担ぎ出されていたものである。もっとも、ユングの後継者たちは、この運動への接近については非常に慎重だったのだが。

はたして、そのときの修復の試みによって、どれほど自然や世界を再生させることができただろうか。「ほんとうの自然」には、法則性があるようでもあり、ないようでもある。正確に言うなら、一方で因果性の原理が働き、他方で共時性の原理も働く。そのようなパラドックスに満ちた自然を描き出したり、しっかりと経験したり、深く受け入れたりするのは、じつのところ容易でない。リアリティの多重性を明確に認めなければならないからである。

臨床的な用語で言うなら、健康な二重見当識《けんとうしき》が必要とされる（老松、2010）。二重見当識とは、現実と非現実（妄想など）を区別する内的基準が、ふつうは一つであるはずが、二つ以上併存していることをいう。一般的な見方では精神病の症状の一つであり、たとえば、一方で翌日に世界の終わりが来ると信じて怯《おび》えているが、他方では一か月後の新作映画の封切りを楽しみにしている、というような状態になる。しかし、これを適切に使いこなせるなら、ものごとの精妙な実相を生きるのに役立つ健康な機能となろう。

健康な二重見当識を保つには、強靱かつ柔軟な心のあり方が求められる。そこには、矛盾や対立が架橋されているが融合してはいない、という経験ベースの高度なあり方がないといけない。かつての思潮においては、その点に不足があったと思う。当時の総体としての意識の未熟さも相《あい》俟《ま》って、複雑な自然に対する理解がおおむね観念的な水準にとどまるか、退行的な混沌へと向かうきわめて危うい実践に堕するか、そのいずれかに傾きがちだった。

当時に比べて、因果性一辺倒の偏りある意識がいっそう存在感を増している今だからこそ、和尚の法力は、健康な二重見当識の確立と保持という困難な要請に応える貴重な実例となりうる。「法力」といっても、たとえば平安時代のそれとは質を異にしている。昔の法力は、混沌とした未分化な心的状態からの分化を導いた。たとえば、当時の行者が物《もの》の怪《け》や憑き物を調伏したり、鬼神や神霊を使役したりしたのは、深層心理学的には、意識と無意識のあいだに境界を設けて、前者を後者による汚染から浄化するとともに、後者を明るみに出すこと（無意識の意識化）に相当する。和尚のはそうではない。

和尚の法力は、そのような分化がすでに頑《かたく》なものになっていることを前提にしてと言えばよいだろうか、切り取られた諸々の自然を分断と細分化のないネットワークにまとめ直す試みであるように思われる。退行的でない。和尚が憑き物とか霊の祟りとかほとんど言わないのは、それゆえのことなのだろう。和尚の法力は、「ほんとうの自然」の再生に呼応するものであり、健康な二重見当識を育んでくれる。

少し前に、因果性が自然をバラバラにしたと述べたが、それ自体は必要なことと考えなければならない。いったん分化させないかぎり、いつまでたっても混沌のままだからである。分化したればこそ、混沌とは異なる新たなまとめ方をすることが可能になる。法力は魔術的因果論を引き起こしがちだが、ユングが言うように、それは共時性という観念に至るために必要な道しるべにほかならない（Jung, Pauli, 1952）。

そのようにして因果性と共時性がともに認識され、それらのあいだの対立が直接に経験されることを通して、はじめて「ほんとうの自然」が再生してくる。本来の自然学が復活する道が拓かれることになる。「ほんとうの自然」の実現は、全体性の成就と等価であり、高次の融即とともにある。天人の衣には縫い目がないというが、一度は裁《た》たれた無限に広がる永遠の生地《きじ》が、そのとき、すべての接点で無媒介的に結ばれてこの世のものとなるにちがいない。

おわりに

自然現象を超えて

　ここまで、法力の本質について、ユングの唱える共時性の概念にもとづいて論じてきた。ユングは、そうした現象の発生を特定の人物の特別な能力に帰すのではなく、稀にしか起きない例外的な事態であることを認めつつも自然現象の範疇に属すると考える。つまり、原則として、超自然的だとか奇跡的だとか見なすことはない。本書でも、基本的にその線に沿って歩みを進めてきた。

　けれども、ところどころで、共時的現象の生起と密接な関係がありそうな人間の側の条件や臨床上の経験的事実にも言及せざるをえなかった。具体的には、なんらかのトラウマを負っていること、いわゆる発達系のあり方を生きていること、アクティヴ・イマジネーションなどの観想を実践中であること、などである。これらに共通する特徴としては、「今ここ」への極度の集中があげられるだろう。

ユングとて、自然現象であるとは言いながらも、共時的現象の生起に人間の側の条件がありうることを否定はしない。彼は、共時性と関わりが深い超感覚的知覚をめぐって、「超常的な能力を有しているように見え、それを意のままに使える人たち」がいると認め、彼らを観察したり分析したりしたことがあるという。そして、その経験にもとづいて、書簡のなかに一つの見解を示している（Jung, 1973/1976）。

その見解とはこうである。「その超常的に見える能力は、一つの元型的布置に照応する状態――共時的諸現象が生起可能になり、ある程度まで確実に生起するようにさえなる、ヌミノースム的な憑依状態――のなかに彼らがすでにいること、あるいは入り込む（彼ら自身を入れ込む）ことに存していました。この能力は、その元型への自我の従属感をふさわしく表現するのを可能にする宗教的態度とあきらかに対になっていました」。

ヌミノースムとは、第八章で説明したとおり、超越的存在の現前が人間に引き起こす強烈な畏怖、戦慄、魅惑のことで、宗教的な経験の核心を成す（Otto, 1917）。人はそこでわが身の卑小さを心底から実感してひれふすとともに、超越的存在と一体化する法悦を味わうことがある。根本的な回心や帰依が成立するのは、この瞬間である。和尚が説明によく使う言葉でこの概念に近いものをあげるとすれば、やはり「入我我入」だろうか。

ユングによると、「超常的な能力を有しているように見え、それを意のままに使える人たち」

は、その存在が、ある元型の引き起こす特定の類心的な布置、すなわち心的および物質的（あるいは身体的）な諸事象の起こり方の青写真のようなもののなかにすでに組み込まれており、その本質的な構成要素の一つと化しているため、同じくその青写真に入っている諸事象とは意のままに動静をともにすることができる。

ただし、ここでのユングは、憑依状態の霊媒が示す超感覚的知覚を念頭に置いて語っている可能性があるので、「その元型への従属感」と呼ぶものは、どちらかと言えば、神秘的融即をともなうプレパーソナルな全体性への退行というニュアンスが強いかもしれない。そのあたりは、「入我我入」に必要なトランスパーソナルな意識のあり方とは区別して考えるべきだろう。いずれも共時的現象とのつながりは深いのだが。

以上のようなわけで、本節のはじめにまとめたように、共時的現象の生起に関する人間の側の条件を考えておくのは、けっして的《まと》はずれなことではない。和尚の場合、深い人工的トラウマ、発達的要素の濃厚さ、観想の強烈な集中力（この点については、第三章で述べた、いわゆる「ハンバーグ事件」を想起されたい）と、いずれについても簡単に条件をクリアしてしまう。

さらに付け加えるなら、和尚が極度の発達系だとすれば、それ自体、自然の寵児《ちょうじ》であることとほぼ同義なので、若い頃から「ほんとうの自然」の現れへの最短距離にいたことはまちがいない。齢《よわい》を重ねて足腰が衰えたと和尚は言うが、歩く姿、立つ姿、振る舞いの端々《はしばし》に、かつて昼となく夜となく飛ぶように巡錫《じゅんしゃく》していた健脚ぶりが今も窺い知れる。そして、勤行の際の所作は美しく洗練されており、超一流の舞踊家や武術家のそれに似て無駄や隙がない。「ほんとうの自然」を垣間見る思いがする。

まことの姿

残されている紙幅はもはや少ない。扱えたのはわずか四つのエピソードだった。これらは和尚の法力の現れのごく一部にすぎない。比較的わかりやすいところを提示したまでである。和尚のまわりに起きる現象で、深層心理学によるアプローチではまったく歯が立たなかったり、そもそも対象外だったりするものが山はどあることは、率直に申し添えておきたい。

たとえば、念写などはその一例である。和尚は簡単な実験のようなことにもわりあい気軽に応じてくれる。ふつうなら、頼まれる側は試されていると感じて不愉快になるだろうし、頼む側としても失礼な気がして多かれ少なかれ憚られるものである。ところが、和尚は「学問の発展に何かお役に立つなら」と言って、嫌そうな顔一つせず、無茶な依頼を聞き入れてくれる。

最初に依頼したのは、念写ではなく、一種の透視だった。というのも、インタビューで聞いたなかに、以前、和尚の噂を聞きつけた某先生からの透視実験への協力依頼に応じたという話があったからである。厚い鉛の板の向こうにある物を透視する実験だったという。「そのときはぼんやりとしか見えなくて、だいたいこんな感じというのを紙に走り描きしました。それは鉛の板の向こうにある物とは一致しなかったらしいですけど、その先生が「あれ、待てよ……。これ、鉛の結晶構造みたいですね」って。鉛の板の向こうじゃなくて、鉛そのものを見てしまったようでした」。

失敗だったと言って、和尚は笑う。和尚によると、透視すればいろいろなものが見えるのだが、焦点距離を調節するのがなかなか難しいらしい。それによって何が見えるかがちがってくるようである。顕微鏡でのピント合わせの際に、焦点距離を変えていくとあれこれの像が一瞬見えては消えていくのと似ているのだろうか。そういう話を聞いていたら、私も透視実験をお願いしたい気持ちになった。

はじめてのことゆえこちらもかなり緊張したが、一枚の写真を見せて、そこに写っているのがどのような人であるか透視してもらった。和尚は写真を手に取ると、その人物の像のところを上下から親指と人差し指で挟み、しばし沈黙したまま、二指を小さく擦り合わせるようにしていた。そして、「よくはわかりませんが」と前置きをしてから、生い立ちや性格など、いくつかの特徴をあげた。私の知っている情報にかなり近かったので驚いた。

念写実験を依頼したのは、その後、かなりたってからのことだった。携帯電話、スマートフォンの普及で最近は前ほど見かけなくなったが、「写ルンです」というアナログの使い捨てカメラ

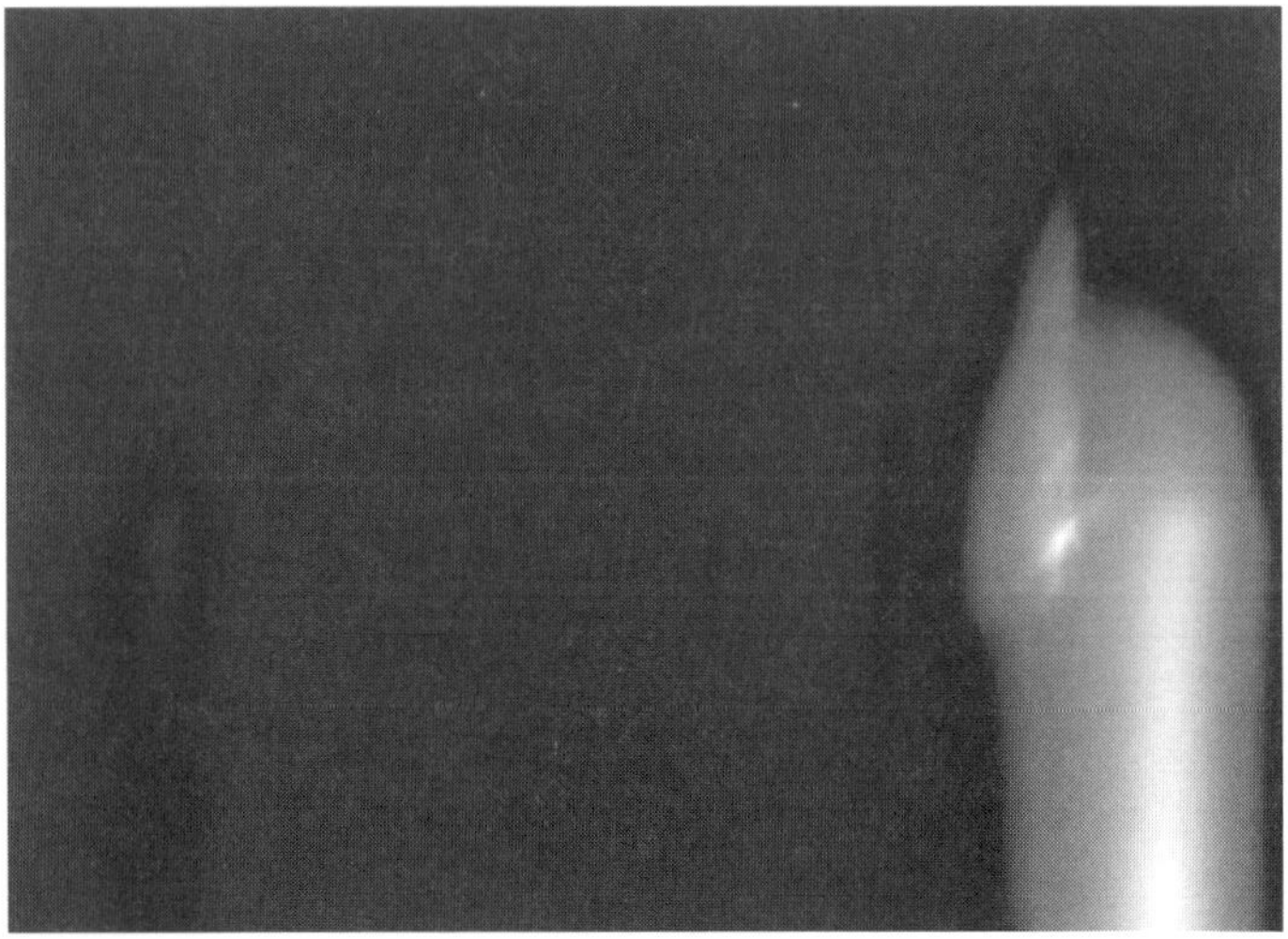

図16　念写

がある。今でも観光地などでは売られている。それを一つ購入し、新品を寺に持っていった。和尚に手渡し、そこに何か写るよう念じてもらう。和尚は両手で包み込んで、しばらくじっとしていた。そして、「これでいいですか」と返してくれた。

そのまま現像に出し、数日後に戻ってきた写真を見て、またまたびっくりした。シャッターは切っていないのに、大きく写っているものがあったのだ。黒い背景のなかに、立体的な質感のある赤い縦長の像が屹立《きつりつ》している。焼き付けのときの調整の具合にもよるので、黒さや赤さの程度自体は確実なものではないし、立体像はカメラの内部構造を反映している可能性もあると思うが、そうしたことを差し引いても驚きを禁じえなかった。

和尚に写真を見せて、いったい何を写したのかと訊いてみた。和尚自身も不思議に思ったらしく、何と断定こそしなかったが、その念写の際に「不動明王の真言を唱えてました」と教えてくれた。なるほど、そう言われてみれば、無明の闇を背にして、倶利伽羅《くりから》剣を持ち、火焔に赤く染まっている不動明王の姿にも思える。そして、そのとき不意に、怒りと宗教性を永遠の子どもの相のなかに顕す、かの大日如来の化身が、目の前で微笑んでいる和尚のまことの姿であるように感じられた。説明のつかないこの現象にまつわる私の確信である。

文　献（邦訳があるものは挙げておくが、かならずしもここに挙げた版が底本ではない）

Adler, J., 1995, *Arching backward: The mystical initiation of a contemporary woman*, Inner Traditions.

秋庭裕・川端亮、2004、『霊能のリアリティへ――社会学、真如苑に入る』、新曜社

Cambray, J., 2009, *Synchronicity: Nature & psyche in an interconnected universe*, Texas A & M University Press.

Capra, F., 1975, *The tao of physics: An exploration of the parallels between modern physics and Eastern mysticism*, Shambhala.（吉福伸逸・田中三彦・島田裕巳・中山直子訳、1979、『タオ自然学』、工作舎）

Combs, A., Holland, M., 1996, *Synchronicity: Through the eyes of science, myth, and the trickster*, Marlowe & Company.

Franz, M.-L. von, 1980, *On divination and synchronicity: The psychology of meaningful chance*, Inner City Books.（濱野恵一・治部眞里訳、1990、『偶然の一致の心理学――ユング心理学による占いと共時性の原理』、たま出版）

Franz, M.-L. von, 1988, *Psyche und Materie*, Daimon Verlag.
福田亮成校訂・訳、2013、『空海コレクション』3～4、ちくま学芸文庫
Hannah, B., 1981, *Encounters with the soul: Active imagination as developed by C. G. Jung*, Sigo Press.（老松克博・角野善宏訳、2000、『アクティヴ・イマジネーションの世界――たましいとの出逢い』、創元社）
今井幹雄、2007、『修法――心は神仏の通路である』、東方出版
今西錦司、1984、『自然学の提唱』、講談社
石田尚豊、1979、『両界曼荼羅の智慧』、東京美術
Jaffé, A., hrsg., 1977, *C. G. Jung: Bild und Wort*, Walter Verlag.（氏原寛訳、1995、『ユング　そのイメージとことば』、誠信書房）
Johnson, R., 1986, *Inner work: Using dreams and active imagination for personal growth*, Harper & Row.
Jung, C. G., 1916, Die transzendente Funktion, *GW*（*Gesammelte Werke von C. G. Jung*）8, Walter Verlag, 1967.（横山博監訳、大塚紳一郎訳、2018、「超越機能」、『心理療法の実践』、163-204、みすず書房）
Jung, C. G., Wilhelm, R., 1929, *Das Geheimnis der goldenen Blüte, ein chinesisches Lebensbuch*, Walter Verlag.（湯浅泰雄・定方昭夫訳、1980、「ヨーロッパの読者のための注解」、『黄金の華の秘密』、31-111、人文書院）

Jung, C. G., 1942, Paracelsica: Zwei Vorlesungen über den Arzt und Philosophen Theophrastus, *GW* 13/15, Walter Verlag, 1978/1971.（榎木真吉訳、1992、『パラケルスス論』、みすず書房）

Jung, C. G., 1944, *Psychologie und Alchemie*, *GW* 12, Walter Verlag, 1972.（池田紘一・鎌田道生訳、1976、『心理学と錬金術Ⅰ／Ⅱ』、人文書院）

Jung, C.G., 1946, Die Psychologie der Übertragung, *GW* 16, Walter Verlag, 1958.（林道義・磯上恵子訳、1994、『転移の心理学』、みすず書房）

Jung, C. G., 1948, Der Geist Mercurius, *GW* 13, Walter Verlag, 1978.

Jung, C. G., 1950a, Zur Empirie des Individuationsprozesses, *GW* 9-I, Walter Verlag, 1976.（林道義訳、1991、「個性化過程の経験について」、『個性化とマンダラ』、71-148、みすず書房）

Jung, C. G., 1950b, Vorwort zum *I Ging*, *GW* 11, Walter Verlag, 1963.（湯浅泰雄・黒木幹夫訳、1983、「易と現代」、『東洋的瞑想の心理学』、270-321、創元社）

Jung, C. G., 1951a, *Aion: Beiträge zur Symbolik des Selbst*, *GW* 9-Ⅱ, Walter Verlag, 1976.（野田倬訳、1990、『アイオーン』、人文書院）

Jung, C. G., 1951b, Über Synchronizität, *Eranos Jahrbuch 20-1951*, 271-284, Eranos Foundation.（河合俊雄訳、1991、「共時性について」、ベンツ他著、山内貞夫他訳、『エラノス叢書2　時の現象学Ⅱ』、285-304、平凡社）

Jung, C. G., Pauli, W., 1952, *Naturerklärung und Psyche*, Rascher Verlag.（河合隼雄・村上陽一郎訳、1976、『自然現象と心の構造——非因果的連関の原理』、海鳴社）

Jung, C. G., 1954a, Der Philosophische Baum, *GW* 13, Walter Verlag, 1978.（老松克博監訳、工藤昌孝訳、2009、『哲学の木』、創元社）

Jung, C. G., 1954b, Die Visionen des Zosimos, *GW* 13, Walter Verlag, 1978.（老松克博訳、2018、『ゾシモスのヴィジョン』、竜王文庫）

Jung, C. G., 1954c, Theoretische Überlegungen zum Wesen des Psychischen, *GW* 8, Walter Verlag, 1967.

Jung, C. G., 1954d, Zur Psychologie der Tricksterfigur, *GW* 9-Ⅰ, Walter Verlag, 1976.（河合隼雄訳、1974、「トリックスター像の心理」、ラディン他著、皆河宗一他訳、『トリックスター』、257-277、晶文社）

Jung, C. G., 1955/1956, *Mysterium coniunctionis*, *GW* 14, Walter Verlag, 1968.（池田紘一訳、1995/2000、『結合の神秘Ⅰ／Ⅱ』、人文書院）

Jung, C. G., Franz, M.-L. von, Henderson, J. L., Jacobi, J., Jaffé, A., 1964, *Man and his symbols*, Aldus Books.（河合隼雄監訳、1975、『人間と象徴　上／下』、河出書房新社）

Jung, C. G., 1968, *Analytical psychology: Its theory and practice. The Tavistock lectures*, Routledge & Kegan Paul.（小川捷之訳、1976、『分析心理学』、みすず書房）

Jung, C. G., 1971/1987, Jaffé, A., hrsg., *Erinnerungen, Träume, Gedanken*, Walter Verlag.（河合隼雄・藤縄昭・出井淑子訳、1972/1973、『ユング自伝――思い出・夢・思想1／2』、みすず書房）

Jung, C. G., 1973/1976, Adler, G, Jaffé, A., ed., *Letters of C. G. Jung*, Routledge.（湯浅泰雄著・訳、1999、『ユング超心理学書簡』、白亜書房）
Jung, C. G., 1996, Shamdasani, S., ed., *The psychology of Kundalini yoga: Notes of the seminar given in 1932 by C. G. Jung*, Routledge.（老松克博訳、2004、『クンダリニー・ヨーガの心理学』、創元社）
Jung, C. G., 1997, Douglas, C., ed., *Visions: Notes of the seminar given in 1930-1934 by C. G. Jung*, Princeton University Press.（氏原寛・老松克博監訳、2011、角野善宏・川戸圓・宮野素子・山下雅也訳、『ヴィジョン・セミナー1／2／別巻』、創元社）
Jung, C. G., 2010, Shamdasani, S., hrsg. u. eingel., *Das rote Buch: Liber Novus*, Patmos.（河合俊雄監訳、田中康裕・高月玲子・猪股剛訳、2010、『赤の書』、創元社）
Jung, C. G., 2019, Gieser, S., ed., *Dream symbols of the individuation process: Notes of C. G. Jung's seminars on Wolfgang Pauli's dreams*, Princeton University Press.（河合俊雄監修、猪股剛・宮澤淳滋・鹿野友章・長堀加奈子訳、2021、『C・G・ユングの夢セミナー パウリの夢』、創元社）
河合隼雄・谷川浩司、2004、『無為の力――マイナスがプラスに変わる考え方』、ＰＨＰ研究所
河合逸雄、1972、「てんかん患者の神経症状態――覚醒てんかんの精神病理学的研究」、『精神神経学雑誌』74(1), 38-76
河合逸雄、1987、『意識障害の人間学――てんかんの精神病理』、岩波書店

木村敏、1980、「てんかんの存在構造」、木村敏編、1980、『てんかんの人間学』、59-100、東京大学出版会

Klossowski de Rola, S., 1988, *The golden game: Alchemical engravings of the seventeenth century*, Thames and Hudson.

古梶英明、1985、『行者日誌——虚空蔵求聞持法』、東方出版

黒木賢一、2017、『マンダラ・アートセラピー——密教とユング心理学をつなぐ臨床技法』、創元社

Lévy-Bruhl, L., 1910, *Les fonctions mentales dans les sociétés inférieures*, Presses Universitaires de France.

Main, R., 2007, *Revelations of chance: Synchronicity as spiritual experience*, State University of New York Press.

真鍋俊照、1999、『邪教・立川流』、筑摩書房

松岡正剛、1979、『自然学曼陀羅——物質・感覚・生命・芸術・仏教から』、工作舎

松岡正剛、1984、『空海の夢』、春秋社

三井英光、1979、『真言密教の基本——教理と行証』、法藏館

宮坂宥勝、1992、『空海曼荼羅』、法藏館

宮坂宥勝監修、2004、『空海コレクション』1〜2、ちくま学芸文庫

森田邦久、2011、『量子力学の哲学——非実在性・非局所性・粒子と波の二重性』、講談社現代新書

森谷寛之、1989、「九分割統合絵画法と家族画」、『臨床描画研究』4, 163-180

Neumann, E., 1971, *Ursprungsgeschichte des Bewusstseins*, Walter Verlag.（林道義訳、1984/1985、『意識の起源史　上／下』、紀伊國屋書店
老松克博、1999、『スサノオ神話でよむ日本人――臨床神話学のこころみ』、講談社選書メチエ
老松克博、2000、『アクティヴ・イマジネーション――ユング派最強の技法の誕生と展開』、誠信書房
老松克博、2004a、『無意識と出会う』（アクティヴ・イマジネーションの理論と実践①）、トランスビュー
老松克博、2004b、『成長する心』（アクティヴ・イマジネーションの理論と実践②）、トランスビュー
老松克博、2004c、『元型的イメージとの対話』（アクティヴ・イマジネーションの理論と実践③）、トランスビュー
老松克博、2010、「二重見当識のあわいで――訳者解説にかえて」、ブラヴァツキー著、ジルコフ編、老松克博訳、『ベールをとったイシス　第1巻　科学　上』、(1)-(17)、竜王文庫
老松克博、2011、『ユング的悩み解消術――実践！モバイル・イマジネーション』、平凡社
老松克博、2014、『人格系と発達系――〈対話〉の深層心理学』、講談社選書メチエ
老松克博、2016a、『身体系個性化の深層心理学――あるアスリートのプロセスと対座する』、遠見書房
老松克博、2016b、『共時性の深層――ユング心理学が開く霊性への扉』、コスモス・ライブラリー

老松克博、2017、『武術家、身・心・霊を行ず――ユング心理学から見た極限体験・殺傷のなかの救済』、遠見書房
老松克博、2018、「鳴動とヌミノースム」、『大阪経大論集』68(6), 65-80
老松克博、2019、『心と身体のあいだ――ユング派の類心的イマジネーションが開く視界』、大阪大学出版会
老松克博、2020、『夢の臨床的ポテンシャル――心理療法にイメージがもたらす癒しと救い』、誠信書房
老松克博、2021、『空気を読む人　読まない人――人格系と発達系のはなし』、講談社現代新書
大栗道榮、2008、『図説「理趣経」入門　新装版』、すずき出版
大塚義孝、1974、『衝動病理学――ソンディ・テスト』、誠信書房
Otto, R., 1917, *Das Heilige: Über das Irrationale in der Idee des Göttlichen und sein Verhältnis zum Rationalen*, Trewendt & Granier.（久松英二訳、2010、『聖なるもの』、岩波文庫）
Pauli, W., Jung, C. G., 1992, Meier, C. A., hrsg., *Wolfgang Pauli und C. G. Jung: Ein Briefwechsel 1932-1958*, Springer Verlag.（湯浅康雄・黒木幹夫・渡辺学監修、太田恵・越智秀一・黒木幹夫・定方昭夫・渡辺学・高橋豊訳、2018、『パウリ＝ユング往復書簡集 1932-1958――物理学者と心理学者の対話』、ビイング・ネット・プレス）
Peat, F. D., 1987, *Synchronicity: The bridge between matter and mind*, Bantam Books.（管啓次郎訳、1989、『シンクロニシティ』、朝日出版社）

佐藤任、1998、『空海のミステリー――真言密教のヴェールを剝ぐ』、出帆新社
Shepherd, S. R., 2009, *A path of dreams: An American woman's journey in esoteric Buddhist Japan*, Take Charge Books.（名取琢自訳、2009、『高野山 夢の導き 夢の山――米国心理療法家の密教修行記』、創元社）
島薗進、1992、「宗教理解と客観性」、宗教社会学研究会編、『いま 宗教をどうとらえるか』、108-126、海鳴社
Szondi, L., 1952, *Triebpathologie*, Verlag Hans Huber.
田原亮演、1999、『行に生きる――密教行者の体験日記』、東方出版
高橋繁行、2021、『土葬の村』、講談社現代新書
山中康裕、1996、『臨床ユング心理学入門』、ＰＨＰ新書
柳田國男、1933、「桃太郎の誕生」、『柳田國男全集10』、7-421、ちくま文庫、1990
安永浩、1980、「「中心気質」という概念について」、木村敏編、1980、『てんかんの人間学』、21-57、東京大学出版会

ユングはかつてクンダリニー・ヨーガに関するセミナーを行なったことがある（Jung, 1996）。クンダリニー・ヨーガは、肉体（粗大身、グロス・ボディ）に重なって存在する見えない身体（微細身《みさい》、サトル・ボディ）を扱う瞑想的行法である。骨盤底に眠っているクンダリニーなる蛇が、行者の働きかけによって覚醒し、脊椎に沿って並んでいる七つのチャクラ（エネルギー中枢）を下から順に開花させながら這い上がる。蛇が頭頂部の最終チャクラに至り、配偶神であるシヴァと合一するとき、行者は解脱するとされている。

ユングによると、七つのチャクラは元型的な意識の座である。これらのチャクラは、系統発生的な次元では太古の昔からの人類の意識の発達プロセスに照応し、個体発生的な次元では個人の誕生から死に至るまでの個性化のプロセスを象徴している。チャクラは下から順に、地、水、火、風、空……といった五大元素の属性を持っていて、上に行くほど物質性が希薄化する。そして、六番目より上は非物質的、非元素的になる。

ユングは第五チャクラの段階までは詳細に論じた。しかし、第六チャクラより上になると、個人や個人の経験が存在しなくなってしまうため、心理学の立場から論じうることは事実上残っていないという。すなわち、第六チャクラでは、私たちの心的な要素は消え、私たちは私たちとは異なる心（超越的存在）のリアリティの一要素となる。さらに、第七チャクラにおいては、もはや対象としての超越的存在がない。いっさいの区別がなければ、経験そのものもなくなる。ユングによれば、これが涅槃にほかならない。

最後の最後に小難しい話になったのは、「おわりに」でも少しふれたとおり、深層心理学の立場から見解を述べられる範囲には限界というものが厳然としてあることをあらためて申し添えんがためである。ユングが指摘するように、宗教と深層心理学とでは目指すところが異なる。それゆえ、せっかくの貴重な情報を活かしきれなかったところが本書には少なからずあるのが悔やまれる。

とはいえ、目的地はちがっていても、人の心において元型的な「宗教性」が担っている役割の重要性に着目している点は共通である。それゆえに、ユングは古今東西の諸宗教を広範に渉猟したのだし、和尚も今回の法力の探求という無謀な試みに惜しみない協力をしてくれたのだと思う。しかし、探求すれば、謎が謎を呼ぶ。一歩近づくごとに、かえってその遠さがはっきりわかってくる。言わずもがなのことだが、法力の奥は深い。

思えば、和尚の法力に最初にガーンとやられたのは、最初に寺を訪れたときだった。「はじめに」に和尚との初対面の際のことを記したが、じつは、その前日、助手とともにルートの確認をかねて寺を下見に行った。ところが、寺がある山の麓に差しかかった途端、私と助手はひどい頭痛に襲われたのだった。とくに、助手の症状は激しく、その後、まる一日寝込んでしまった。後日、和尚に話したら、寺の周囲には何重にも結界が張ってあり、いちばん大きいのは半径二〇キロメートルほど。山の入口にももちろん設けられている、とのことだった。

「下見」などというよこしまな心がけがいけなかったのかもしれない。反省して、その後はまじめに調査に取り組んだおかげか、ほぼ無事に（？）取材を終えることができた。初稿が完成し、和尚にわたしして校閲を依頼するに至るには数年の歳月を要した。その校閲依頼から二日後、寺から連絡が来た。「一度お目にかかって、お話しいたしたき事あり」との和尚からの伝言である。予想外に速かったため、冒頭の一瞥のみで、もはや読むに値せずとの御沙汰がくだったのだろうかと思った。

伝言の文章も、そう思って見直すと、いわく意味ありげに感じられる。和尚のもとに行き、ドキドキしながら言葉を待つ。「ちょっと恥ずかしいけどね、とてもうれしいです。ありがとう。みんな、ほんとうのことです」と和尚。心から安堵した。返してもらった原稿には、要修正のチェックがいくつか入っていたが、思いのほか少なかった。礼を述べて客殿を辞する。ゆっくりと境内を歩く。和尚が請われてこの山に入ったちょうどその年に、私は生を享けた。今回の調査や本書の執筆は、何かの縁あってのことかもしれない。拙いものだが、こういうかたちをとった私の行だったようにも思われる。

本書が世に出るにあたっては、たくさんの方々のお世話になった。X阿闍梨をはじめ、Vさん、W住職、お寺の関係者の皆さまに、心からのお礼を申し上げたい。阿闍梨の存在を教えていただいた私の元アナリザンドの方、阿闍梨に引き合わせてくださった直弟子の教授とそのご友人のカウンセラーの方、私が教授にたどりつくための情報を提供してくださった方にも深く感謝している。

最後になったが、法藏館編集部の伊藤正明さんには、企画の段階から強力なサポートを頂戴するとともに、じっくりと執筆に取り組ませていただいた。いくらお礼の言葉を述べても足りないくらいである。

令和四年盛夏

かつて師をして「我先知汝来相待久矣」と言わしめた人の面影を垣間見ながら

著者識

老松克博（おいまつ・かつひろ）

1984年、鳥取大学医学部卒業。1992～95年、チューリッヒ・ユング研究所留学。大阪大学大学院人間科学研究科助教授、同教授を経て、現在、大阪大学名誉教授。ユング派分析家。精神科医、臨床心理士、公認心理師。博士（医学）。著書：『夢の臨床的ポテンシャル』（誠信書房）、『心と身体のあいだ』（大阪大学出版会）、『武術家、身・心・霊を行ず』『身体系個性化の深層心理学』（遠見書房）、『共時性の深層』（コスモス・ライブラリー）、『スサノオ神話でよむ日本人』『人格系と発達系』（講談社）、『ユング的悩み解消術』（平凡社）、ほか。訳書：ユング『ヴィジョン・セミナー』（共監訳）、『哲学の木』（監訳）、『クンダリニー・ヨーガの心理学』（以上、創元社）、ブラヴァツキー『ベールをとったイシス』（竜王文庫）、ほか。

法力とは何か
――「今空海」という衝撃――

二〇二三年 二月一五日 初版第一刷発行
二〇二四年 一一月二〇日 初版第三刷発行

著 者 老 松 克 博
発行者 西 村 明 高
発行所 株式会社 法 藏 館
京都市下京区正面通烏丸東入
郵便番号 六〇〇-八一五三
電話 〇七五-三四三-〇〇三〇（編集）
〇七五-三四三-五六五六（営業）

装幀者 熊谷博人
印刷・製本 中村印刷株式会社

ISBN978-4-8318-5757-6 C0011